いまからあなたの黒歴史を、白歴史にする行動術

さあ、ひっくりかえそう

著 前田誠治 Seiji Maeda

五月書房

まえがき

❖自由なライフスタイルを送る人は20代で何をしていたのか？

あなたには理想のライフスタイルがありますか？

20代といえば、社会へ出てこれから自分の力で人生を切り開いていく時。人生という大きなホワイトキャンパスに、どんな絵でも描ける時期でしょう。

僕は20代の人によく相談を受けるのですが、「理想の人生は？」と質問すると、多くの人が「もっと自由に生きたいです」と答えます。

「自由に生きること」は、誰もが望んでいることかもしれません。

しかし、いったいどんなことをすれば自由に生きられるのでしょうか。

僕は多くの人と付き合う中で、自由なライフスタイルを送っている人と数多く出会ってきました。そして、自由人である彼らをよく観察し、一つの答えにたどり着いたのです。

もう一度、質問します。

自由なライフスタイルを送る人と、そうでない人の違いはなんでしょうか？

答えはとてもシンプル。

実は、20代の過ごし方にあったのです。

彼らは「20代はこうやって過ごそう」と具体的なプランを立てていました。

そして、すべての物事を「ポジティブ」に捉えて行動していたのです。

どんなにネガティブなことが起きても、ポジティブに変換して捉えることで、落ち込む時間を前に進むための時間に使っていました。

僕もおかげさまで、今では自由に生きることができていますが、とても苦しかった時代もありました。ある時は、友達に裏切られましたが、裏切られた自分にも責任があるのも事実と考え直しました。だからこそ前に進めましたし、今があると思っています。

実は、直近でも5年前に3千万円だまされました。その事に気づいた後に、法人税1千万円の支払いが迫っていました。手元からお金がなくなった僕は、その時点では支払える状況にありませんでした。

大きく悩み、従業員を抱える身として、首を吊ることも考えました。しかし、会社のことを一生懸命考えた結果、考え方をポジティブに変換し、周りの人の助けもあって何とか乗り越えることが出来たのです。

僕だけでなく自由に生きている人は、このようにピンチのときの捉え方が違います。僕は、「ピンチの神様がきたら喜んでガッツポーズする」と決めています。なぜなら、ピンチの神様は、自分に新しい気づきや経験をプレゼントしてくれるからです。

実は、ピンチの神様が来ることは幸運なことなのです。「神様は乗り越えられない試練は与えない」という言葉があります。つまり、ピンチの神様はあなたを強くしてくれるコーチのような存在です。

ぜひ、どんな試練がきても、「これで成長できる！」と喜びながら乗り越えていきましょう。

本書では、僕や周りの自由人たちが20代のときにどんな考えでどんな行動をしたのかをお伝えします。心に響いた部分だけでも行動し、あなたの自由なライフスタイルを送るために役立ててもらえたら著者としては嬉しい限りです。

❖「ルールは破っても仲間は裏切るな」が僕のモットー

名乗るのが遅れました。こんにちは、僕は前田《まえだ》誠治《せいじ》といいます。

普段はさまざまな仕事をしていますが、自ら創業した不動産会社や有名ラーメン店の創業、プロテニスプレーヤーのスポンサー、テニス教室の運営、個人でも不動産を5棟所有しています。

有難いことに、人との繋がりから各方面で仕事を頂き、家族と一緒に自由な生活を送ることができています。今はとても幸せですが、以前はちょっぴり波瀾万丈な人生を送っていました。少し僕のマイヒストリーにお付き合いいただければと思います。

僕は太陽の塔で有名な大阪府の吹田市の出身で、歌手のaikoさんと同郷です。父が大企業の副社長だったので、小学生のときは裕福な家で贅沢に暮らしていた記憶があります。

しかし、両親が離婚したことを機に一変。これまでの裕福な生活から、一気に母と二人の貧しい生活が始まったのです。あまりにも急激な変化に心が追いつけず、次第に学校に行かなくなり、現状をなげく日々が続きました。

その後、母がパニック障害を発症し、生活保護を受けるようになりました。離婚前から飼っていたペットの飼育費と母の介護費などがかさみ、毎月ギリギリの生活が続きました。

もともと人並みに勉強していましたが、不登校になってから周りの友達も変わりました。勉強しなくなり、その代わりにスポーツが得意になったのです。そのおかげで、スポーツ推薦で大学に進学し、多くの新しい友人ができました。

大学卒業後は大手不動産会社へ入社し、休日を返上してほぼ毎日仕事していました。その結果、新入社員からトップ営業マンになりました。その後も数々の実績を残したので、25歳のときには年収が1千万円を超えていました。僕に才能があったというよりは、死に物狂いで仕事したからこその結果だと思っています。

貯まったお金で、大学時代の友人とラーメン屋を創業し、「人類みな麺類」と名付けました。今では大阪で人気の有名店になっています。ラーメン屋の経営は大変でしたが、大学時代の仲間と強い絆があったからこそ、一緒に創業できたと考えています。

僕の人生を振り返ると、両親が離婚した時、貧しい生活が始まった時、不登校になった時、もし仮にこのどん底の時期に腐っていたら今の僕は確実にいなかったでしょう。

逆境がきても人は乗り越えられるということは、僕の実体験からも本心で伝えられることです。

そして、苦しい時期に、真の友人にも出会います。大手不動産会社で働いていたとき、交通事故で首の骨を折って3ヶ月休職したことがありました。職場の人からは「全部やっておくから、ゆっくり休んでいいよ」と言われたきり、職場・取引先含めて全く連絡が来なくなったのです。

ひとりで疎外感を感じていた時、唯一連絡をくれたのが貧しい時代に仲良くなった友人たちでした。大手企業の肩書などを気にしない、自分を本当に必要としてくれる人たちから電話がかかってきたのです。

これは不動産会社を創業した後も同じでした。このような経験から、「僕のことを本当に必要としてくれている人たちのために仕事をしよう」と強く決意しました。

このときから「ルールは破っても仲間は裏切るな」というのが僕のモットーです。仮に多少の社会の常識を破っても、仲間は絶対に大切にすると決めています。

創業した不動産会社やラーメン屋も試行錯誤しながら軌道に乗りました。

大会で優勝するほどやりこんできたテニスに関する仕事も始めて、プロテニスプレーヤーのスポンサーや、テニス教室の運営もしています。有難いことに、今では好きなことを仕事にできるようになりました。

気づけば、昔「嫌だなぁ」と小さなストレスに感じていたことが、今はなくなりました。たとえば、会社員時代、朝早く起きてスーツを着て、髪をセットして、毎日決められた時間に出勤するのが本当は嫌でした。今は自分の好きな時間帯に仕事をすることが出来ています。

また、「お金が高いから諦める」ということがなくなりました。今では心から望んでいることにお金を使えるようになっています。たとえば、「駐車場を料金によって選ばない」「満員電車に乗らずタクシーで移動する」「新幹線は自由席を探さずにグリーン車に乗る」「2千円以上の高額ランチも気にせず食べられる」といったことです。

もちろん、お金がすべてではありませんが、お金で自分の時間を買えるのも事実です。おかげで、日常生活でのストレスが減り、面白い人と出会うことが可能になりました。

時間とお金から自由になると、人生の目標までのプロセスに不要な事はショートカットできます。そして、つくった時間を使って、心地よい快適な空間にいながら本当に大切な人に連絡できるのです。当然ながら仕事もサクサク進み、その結果さらにいい成績を出せるという好循環サイクルに入ります。

僕は、贅沢よりもこういった仕事のためのＱＯＬ（生活の質、クオリティ・オブ・ライフの略）を上げることが好きなのです。自分で不動産を5棟所有していることも贅沢したいからではありません。お客様に不動産投資をすすめているのに、社長の僕が持っていないのは変だと考えているからです。

貧しい生活も、本気の仕事も、自由な生活も、いろいろ経験してきた僕だからこそ伝えられることがあると思い、出版を決意しました。本書では、30代以降で自由なライフスタイルを送るために必要なことを余すところなく伝えていきます。ぜひ、楽しみながら読んでくださいね。

目次

第2章 黒歴史を白歴史に変えるための7つの秘訣 49
（理想のライフスタイルを送るための準備）

第6章　好きなことでお金を稼ぐために知っておきたいこと（お金・ビジネスの基礎知識）

第9章　今がいちばん若い！　本気で人生を変える覚悟をもとう

（著者メッセージ）

いまから あなたの黒歴史を 白歴史に する行動術

前田誠治
Seiji Maeda

企画プロデュース……町田新吾
編集協力…………國久裕香　雨吹沙来　岡平桃枝
協力………………Eight株式会社　相原淳也
装丁………………Thirdman®products
杉本知春 CHIHARU SUGIMOTO

第1章　なぜ「若い頃の夢」は叶わないのか？

（問題提起）

1-1❖なぜスタバでグランデを頼めないのか？

突然ですが、スターバックスは好きですか？

僕はスターバックスが大好きです。理由は、店内はオシャレだし、店員さんの感じも良く、ドリンクもおいしくて、席もゆったりで仕事もしやすいから。スタバは学生から大人まで世代を超えて愛され、いつも行列になっています。家で飲むより値段は高くなっても、ついついお店に行ってしまいますよね。

学生時代の僕は、いつもスタバでショートサイズかトールサイズでドリンクを注文していました。そのくらいの量がちょうどいい日もあったけど、本当の理由はひとつ上のグランデサイズは学生の僕にとって値段が高かったからです。

ご存じのように、大きめのマグカップでゆったり飲めるサイズがグランデ。もっと量を飲みたいなら、さらに上のベンティサイズがあります。仕事が軌道に乗るまで一度も飲んだことがありませんでした。僕にとっては、庶民の手の届かない高級ドリンクの象徴がグランデだったのです。

「本当は好きな時に、スタバで好きなサイズを頼みたい」

「会社のランチで好きなお弁当を選びたい」

「いつかは、好きなものを好きなだけ買える自由な生活をしたい」

当時の僕と同じように、みなさんもそう思ったことが一度くらいはあるのではないでしょうか？

ここで大切な質問を投げかけてみましょう。

「そもそも、なぜ多くの人は思い通りの人生にならないのでしょうか？」

人は24時間の中で生きています。1日24時間の枠は絶対で、どんな大富豪でも大統領でも超えることができません。時間は誰にでも平等に与えられています。限りある時間の中で、時間の使い方が上手な人と下手な人がいるだけです。何でも上手くいって自由に生きている人は時間の使い方が上手なのです。僕が思う時間の上手な使い方はいくつかありますが、ここでは4つに絞ってお伝えします。

まず、1つ目は「時間をお金で買うこと」です。タイムイズマネーの実践とも言い換えることができます。

たとえば、新幹線の自由席が混んでいて座れる場所を探すのに10分かかったとします。この場合、最初から指定席にしておいた方が時間を有効に使えます。つまり、すぐに自分の席に着き、溜まっているLINEの返信に座れる場所を探していた10分間を使うのです。

多くの人は自分の人生を会社の規則、お金の節約、自分の凝り固まった考えなどのルールや目先のことに使いがちです。時間の使い方が上手い人は、「自分の時間の値段は高い」という意識を持っているため、日々の行動が違ってきます。

そして、2つ目は、「時間をショートカットすること」です。つまり、工夫や近道をして手間を省いて時間を有効活用することです。

スタバでグランデを頼むと言うのは、一見ぜいたくに見えるかもしれませんが、実は時間のショートカットにもつながっています。1杯で2杯分を先に購入できるので、2杯目を注文したくなった時の並ぶ時間も省略できます。

僕もラーメン屋を創業した当初、ラーメン業界で頂点になるために味やクオリティを目指し、サービス向上に割ける時間が減った経験があります。一度、味が確立した後は、サービス向上に時間を使えるようになり、安定的においしいラーメンを提供できるようになりました。

上司に指示された仕事や自分の趣味に毎日多くの時間を取られている人は、いきなり「1時間空けてください」と言われても急には難しいと思います。だからこそ工夫して「時間をつくる」意識をもつことが大切です。

3つ目は、「情報を集める時間をもつこと」です。広い範囲に自分のアンテナを張って情報を集めることは大切です。

たとえば、街を歩きながら周りの景色に興味をもつことで、世の中のトレンドや社会課題に気づくことができます。多くの場合、それが次のビジネスチャンスやアイディアへ繋がっていきます。

さらに、上手くいく人は「一石二鳥」「一石三鳥」を狙っていきます。つまり、同じ時間でも同時に多くのことを吸収するのです。そのための第一歩は、「自分から情報を取りに行くぞ！」というアンテナを張ることから始まります。

最後の4つ目は、「相手が提供してくれた時間に感謝すること」です。

経営者視点で考えると、グランデとトールでは利益率が大きく異なると推測できます。スタバで快適な時間を過ごせた感謝の現れとして、お店が提供してくれた時間に感謝して、グランデを注文するという考え方も持てると良いと思います。

以上のように、何でも上手く人は、毎日の時間の使い方を工夫し続けています。小さな積み重ねを継続したから、自由なライフスタイルを実現できたのです。そして、スタバでは迷わずグランデサイズを注文するだけでなく、周りの人の分までご馳走してくれることでしょう。

あなたは、「グランデの人生」と「ショートの人生」、選びたいのはどっちですか？

1－2❖もうファンタジーの安定を求めるのはやめよう

人は生きていくために、安心や安定を求める傾向があります。今この本を読んでいるあなたも、「公務員だから」「大企業だから」「出世コースに乗れたから」、こういった理由によって安定した人生を送ることができると思ってはいませんか？　残念ながら今の世の中、それはもうファンタジーです。もし大企業というだけで安定だと思っているならば、おとぎ話から目を覚ます時が来ています。今は、自分の夢を追いかけていい時代なのです。

考えてみてください。公衆電話が携帯電話の普及で廃れていったように、どんな仕事でも一生安泰という職業はありません。役職や肩書き、勤め先というのは、〝空想の外見〟です。そこにしがみついて得られた安定はやはり空想のものなので、何の保証もありません。

実際、僕の父もそうでした。父は元々、誰もが知っている大手小売企業の副社長でした。年収は約3千万円でしたが、55歳のときに役職が変わり、一気に600万円にまで落ち込みました。元々2千万円の生活をずっとしていたので、支出が多いのに対して財布の紐をしめることができず、役職が変わってからはとても生活していけなくなりました。大手企業であっても何が起きるかわかりませんし、お金の管理の仕方を身につけておかないとキャッシュフローがうまくいかなくなります。

僕は独立したいという相談をよく受けるのですが、独立したいと言っているのに結局リスクをとるのが怖くて止めてしまう人もいます。以前、テニスコーチをしている後輩から起業の相談を受けたことがあります。しかし、彼は最終的にはリスクを受け止めきれなかったのか、コーチで居続けることを選びました。別の見方をすれば「今の職業で居続ける」リスクを取ったということです。今の道を進み続けるのが、必ずしも安定につながっているとは限りません。

やはり、現実面を無視し、「好きだからこの仕事だけをずっと続ける」という考えでは、いつか限界が来るでしょう。

つまり「〇〇だから安定」というのは全てファンタジーです。あなたを本当に保証してくれる安定は、誰かがくれるものではありません。そして、安定がないのなら、しっかり準備した上で、自分の夢に賭ける価値は十分あると思います。それがリスキーな選択で終わらないためのメソッドを、本著では紹介していきます。

1-3❖「嫌なことから逃げる人生」を選んでいる自分に気づこう

僕に「起業して独立したい」といって相談してくる人は毎年います。しかし、いくらアドバイスをしても、いざ起業となるとネガティブな理由を並べ、現状維持を選ぶ人が多いです。そういった方に僕が投げかけたいのは、「単に嫌なことから目を背けたくて起業したいと言っているのでは？」という質問です。そんな自分に気づかなければ、夢を叶えることはできません。

僕は、「お金を稼ぐ」ということは、自分の行いに対して社会から「ありがとう」が返ってくることだと思っています。サービスを通して社会貢献し、お役立ちできたので「ありがとう」と感謝され、報酬としてお金をいただくのです。その本質から目を逸らして、「会社で働くのが嫌だから起業する」というのでは上手くいきません。

今はYouTuberやインスタグラマーなど、自由な働き方をしている人がネットを通して身近な存在に感じる世の中になりました。そういう人たちは「苦労しないでここまで来ました」と言ったりするので、自由な生き方が簡単に実現できると勘違いする人も増えています。しかし、どのような業種でも、実際に独立し成功するには、生半可な覚悟ではできません。僕が創業したラーメン店「人類みな麺類」の仲間には本気の覚悟がありました。だからラーメン屋として創業できたと思いますし、開業3年で70％が廃業する飲食業界で生き残れたと考えています。

逆に、先にお話したテニスコーチの方は、やはり本気ではなかったと思います。彼は、僕がラーメン店に出資したと聞いて、「俺も飲食店を出したいから出資してほしい」と頼んで来たのです。しかし、「事業計画を練ってきて」と伝えてもやってこなかったり、「次の打ち合わせの日程を自分から送ってほしい」と言っても送られてこなかったり。言葉と実際の行動がともなっていませんでした。勤め先の会社があるからと、構想を練るための会議もいつも1~2時間のみ。そして結局、この方は起業しないことを選択しました。

このように、覚悟がないために行動できない人が多いと感じます。覚悟を別の言葉に置き換えるなら、「世の中のここがおかしい! だから変えていきたい!」という強い気持ちです。「自分ならこう変えていける」というプレゼンを、何かしら社会に示していける人が成功しています。やはり、志が大事です。本気で夢を叶えていく人生にしたいなら、まず自分が嫌なことから目を背けていないかを確認してみましょう。そのうえで、叶えたい夢への本気の覚悟を磨いていくとよいと思います。

1-4❖リアルで言えないことをSNSの裏垢でツイートしていませんか?

昨今、SNSが発達し、何かあるとリアルではなくSNSの裏垢(裏アカウントのこと。通常、本名を使わず、本人特定されないような名前でアカウントを作る)やネット上で匿名で愚痴をこぼせる場所が増えてきました。陰口やストレス発散の裏には、「自分が変わっている人だと思われる…」「批判されるんじゃないか…」という恐れがあるのかもしれません。しかし、当然ながら自分を隠して裏で愚痴を言っているだけでは夢は叶いません。思ったことはその場で言うことが大事ですし、夢は公言することに意味があると思います。なぜなら、公言することで、現実的に夢を叶えるルートが見えてきて、行動できるからです。

そもそも成功するためには、人と違うことをする必要があります。人と同じことをしても成功といえるような輝かしい未来はやって来ないからです。違って当然なのです。だから夢を公言することを恐れていては何にもなりません。それに、成功者ほど本音でものを喋る人が多いと感じます。夢を公言したり、本音で話したりする習慣はぜひ今から身につけておくとよいと思います。

あなたの周りにも、上司や先輩に指示やアドバイスされたことに「ウザい」と感じて、裏垢で投稿している人はいませんか？　学校や職場など、全てのコミュニティでもこういったことは起きます。しかし、周りからウザいと思われる発言をする人たちは、「もっと改善してほしい」思って言っている場合がほとんどです。

僕もOBとして出身大学のテニスサークルに関わっているのですが、現役生たちが

「上手くなりたい」というのでよく「ウザい」アドバイスをしています。「上達したいなら走り込みをしないとね」「もっとOBに向けて発信するといいよ。応援してくれるから」といった具合です。その場では相手も「はい」と返事します。しかし、次会ったときに全く改善されていないことがあります。そのような時、僕はアドバイスに対してウザいと思ったり、やりたくなかったりするのであれば、「その場で言ってくれた方がいいのに」と思っています。

裏垢で愚痴を書いたところで進展しませんし、「この練習をする意味がわかりません」というように、相手に本音をぶつけることで、お互いの人間関係が成長していくからです。その中でお互いの成長に繋がっていきますし、組織の人間関係も良くなっていきます。これはアドバイスする・される関係性だけでなく、誰かを応援し応援される関係性になるためには必要です。

「こうなりたい」「こうしたい」と夢を叶えるために発言することで、応援してくれる人が出てくる一方で、否定されたり批判されたりすることもあります。でも、それを恐れているだけでは成長はなくて、否定や批判をされたときは「足りていないものに気づくチャンスなんだ」と捉えることが大事です。気づくことで夢を叶えるための具体的な方法や助けを申し出てくれる人達にも出会えます。逆に、ネガティブな発信ばかりしていると、ネガティブな人たちばかりが集まってきます。これが引き寄せの法則なのです。

あなたが本気で夢を叶えたい、成功したいと思うのであれば、自分自身をさらけ出して堂々と行動していきましょう。そうすることで、夢を叶えるのに必要な方法や人脈が自然と手に入るようになります。

1-5❖夢を叶える最初の一歩がわからない人が9割

「夢を叶えたい」「起業したい」と思っている人の中で、はじめの一歩がわからないという人は9割を占めていると思います。夢を夢で終わらせないためには、具体的な計画が必要です。しかし、お金や時間がどのくらい必要で、どういうことを実現したいと思っているのかを、具体的に描けていない人がほとんどです。

多くの人が夢を描けない理由は、「叶えてどうしたいのか?」という視点が抜け落ちているからです。そのため、理想と現実が紐づいていなかったり、本当に夢を叶えたいと思っていなかったり、夢を夢だと思っていたりする人が多いのです。さらにその夢を叶えたいと思った動機すらない人もいます。

僕のところには、事業を始めたいと言う多くの人が毎月相談に来ますが、そのほとんどの人が具体的なビジョンを描けていません。先日も「焼き肉屋をやりたい」と言って相談しに来た20代女性のAさんという人がいました。「なぜ焼肉屋をやりたいのか?」を突きつめて聞いてみると、「オペレーションが簡単で儲かりそうだから」という理由しかなく、現実的なお金の計算は何一つしていませんでした。

僕は「肉ビストロ　まえだ」という焼肉屋も経営しているのですが、ひと口に焼肉屋と言ってもいろいろあります。大衆焼肉なのか、富裕層向けの焼肉なのか、フードロスに取り組むのか、1品しか出せないこだわりのお肉なのか。どんな焼き肉屋で、何を実現したいかで、すべき行動は変わってきます。

お店のコンセプトは、通りから見つけづらい場所にある隠れ家的な大人の焼肉屋です。それは特別な接待やデートで使ってほしいため、入店した瞬間の感動や驚きを提供したいからです。あえて宣伝をしていないので、来店すると「こんな雰囲気のいいお店を知っている○○さんって素敵!」と、友人・恋人を連れてきた人の株があがります。それも設計して雰囲気づくりしています。

焼肉屋をやりたいけど具体的な内容が決まっていない状態は、準備をしないで世界一周旅行に行くようなものです。「世界一周旅行にどんな装備で行けばいいのか？」「費用はどのくらいかかるのか？」「日程はどのくらいかかるのか？」「交通手段は何を使うのか？」など、自分に合ったレシピを作らなければ出発できません。「焼肉屋だったらこのレシピならいける！」というシミュレーションをしておくのです。

これは、事業に限らず、夢を叶えるには具体的に落とし込んでいく作業が非常に大事です。ほとんどの人が、夢を叶えるための具体的な行動を設定していませんが、裏を返せば、設定さえしておけば、夢は叶うのです。本書では、そのための前田流メソッドを紹介していきます。

1-6❖30代以降で苦労してしまう本当の理由とは？

みなさんは「いつ夢を叶えよう」と思っていますか？　20代の人もいれば40代や老後、という人もいるかもしれません。期限に理由があるのであれば、「何歳のときに叶える」と設定するのは自由だと思います。一方で、夢の期限を決めずに苦労している人もいます。期限を決めないとなぜ苦労するのでしょうか？

それは、20代のうちに人生の設計図を考えていなかったからです。「20代のうちはまだまだ早い」と言って行動に移さないでいると、30代以降に皺寄せがきて苦労します。20代のまだ余裕のあるうちに、「どういう状態が自分にとって理想の人生なのか？」「そのためには何をしていけばいいのか？」など、人生をプランニングしていくことが大事です。

30代になって歳を重ねていくほど、「部下ができて飲み会で時間とお金がなくなる」「結婚して自分の時間がなくなる」「出産して子育てにお金がかかる」「親の介護が始まって体力がきつい」など、様々な理由で自分の時間やお金を使う場面も増えていきます。そうなると安定思考に落ち着き、行動できなくなりがちです。また、年齢を重ねると、不利になる場面が増えてきます。例えば、ＩＴ業界でいえば独立の年齢が年々下がってきていますが、自分が30代になった時、ＩＴリテラシー面で更に高度なスキルを持った20代と10代が参入してくるのです。

経験を積み重ねていたとしても、サラリーマンとして働いているなら、サラリーマンの経験しかつきません。そうなると、理想の人生の実現に向けて体力や精神的な余裕がなくなってきます。今積み重ねている経験が自分の人生に本当に必要かどうかは、人生設計して向き合わなければ判定できないのです。30代になると家庭ができたり、人付き合いが増えたり、時間を割く優先順位の高いものが増えていきます。また、責任も増え自由がなくなっていきます。そうなると、20代と同じような行動はできません。

僕の知り合いで、かつて不動産事業で独立したいという方がいました。不動産業界は他の業界に比べて独立しやすい業界です。しかしその方は、「まずはお金を貯めてから」と言って、お金を貯め続け、結局行動に移さず独立しませんでした。貯金を1千万円貯めればいいのか、3千万円貯めればいいのか、具体的なプランは無く、際限がなくなってしまったのです。プランニングができていないと、いつまでも踏ん切りがつかなくて30代を超え、40代、50代と歳を重ねて、結局夢を叶えられません。

20代のときはいくらでも時間があると錯覚しがちですが、時間は有限です。社会人になってから夢を叶えるなら、四年制大学を卒業し、社会人1年目の23歳から社会人7年目の29歳までの6年間が20代です。意外とあっという間に過ぎてしまうので、20代の早いうちからざっくりでもいいのでプランニングをしておくことが大切です。そうすれば、20代のうち、もしくは30代になってからでも慌てずプラン通りに行動を起こせます。

1－7❖自分で調べずに情報を鵜呑みにしている

テレビやニュースアプリでは、毎日さまざまな情報がとびかっています。ＴＶのニュースや、ニュースに対するＳＮＳのコメントを読んで、そのまま情報を鵜呑みにしていませんか？　夢を叶える人はニュースの表面的な情報を鵜呑みにせず、そこから深読みしています。「どういう事実から出てきたものか？」「その裏側にはどういう情報が隠れているか？」「それを自分がどう捉えて行動に移すべきか？」など、多角的な視点をもつことが大事です。

事実と情報は違います。学校の情報の授業で教わった人もいるかもしれませんが、情報は事実を特定の方向で捉えたもので、それを発信しているのがニュースです。だからこそ、一見当たり前に見えるような情報でも、いいか悪いかは自分で判断していくことが大切です。

例えば過去にこんな事がありました。僕があるときニュースを見ていて、「今年の栗は外側が黒くて不作」という情報を知りました。しかし、僕は昔ブドウ農家を訪れたことがあり、見た目に多少の問題があってもブドウ自体は美味しく食べられるのに、流通の規格を満たさないために出荷されないことがある、と知っていました。そこで、栗のニュースを見ても、「今年は栗が不作」なのではなく、「今年の栗は外が黒くなって、食べるのには問題ないけれど、流通には出せない」のではないか、と捉えました。それなら、栗の中身だけを使う加工品のお店には影響はないと考えられます。

このように、情報の受け取り方ひとつで、起こせるアクションも変わってきます。後者まで掘り下げて考えられたなら、「農家を助けるために何かできないか」「これをチャンスにつなげるためには」とアイデアを展開していくことができます。

ニュースで流れる情報も、一見当然のように見えて、設定されたルールに沿って流されています。つまり、事実そのものとは異なって放送されています。ニュースだけでなく、他のあらゆる情報が、流す側が捉えた事実の一側面に過ぎません。その点を理解して自分で判断していないと、他人の当たり前に縛られて、動けなくなってしまいます。「起業はリスクがあるからやめたほうがいい」「会社に勤めていた方が安心」

といった情報も、そのまま受け取ってしまうと、結局自分の夢は叶わずに終わるのです。

情報とは、誰かの捉え方によって切り取られた事実です。その上で「何をどのように受け取るのか？」という自分の判断基準を持つことが、夢を叶えるためには必要な視点です。今の自分では独立できないと思うのなら、情報の取り方を変えてみて下さいね。

1－8❖社会的背景が変われば人生設計も変わる

みなさんが最後に日本社会について勉強したのはいつですか？　だいぶ前なのであれば、その時と今の社会状況は大きく変わっているでしょう。人生設計をするためには、社会状況の把握は欠かせません。現在の社会背景がどのようなものか、そしてどう変わっていくかを自分で見据えた上で設計しないと、あっけなく計画が崩れてしまうからです。

例えば同じ「1千万円稼ぐ」ということについても、3年前と今とでは為替が大きく異なっているため、1千万円の価値は異なります。世界情勢は常に変化しているため、これまでの経験則がどんどん通用しなくなっていきます。そのため、目を肥やし時代に対応していかなければなりません。

実際に僕の大学の後輩で、社長の息子でもある友人が「親が現金で家を買ったから、自分もそうする」と話していた事がありました。しかし、現金が有利だったのは親の時代の過去の話。現在ではもう、全額現金で支払ったり、貯金して利息をつける考えは通用しません。現代では借入れをし、レバレッジを利かせて投資しないと儲からない世の中に変化しています。親のアドバイスはありがたい事ですが、それが現代でも通用する内容なのかどうかは自分で確かめる必要があります。

例えば、日本でどんなに真面目にサラリーマンをしていても、今後企業が潰れてしまう可能性は大いにあります。一方で、アジア全体はとても発展してきています。実際、僕もフィリピンやマレーシア、カンボジアに出張することがありますが、この5年でかなり発展していることを体感しました。例えば、ドル建てなので、外食すると6千～7千円もかかります。海外に行くと日本円が弱くなっていることを痛感させられます。こうした事情を踏まえて、海外に出るかどうか、といった選択も視野に入れながら人生設計していく必要があります。

特に、今の日本人は年収が年々下がり続けています。収入から支出を引いた残りが少ないのに、昔の考え方である郵便貯金で年利5％貯金することや、保険の積立をすれば安心という思考は、現代では幻想に過ぎません。今は金利を求めて貯金するメリットはありません。それくらい状況が変わっています。「今は何を投資するのがベストなのか？」を問いかけて、自分で決めていくしかないのです。不動産や証券など、富裕層は情報を自発的に調べて動いています。僕は親を大切にしていますが、親のアドバイスを鵜呑みにするだけでは、違うと感じています。時代背景を考慮して行動しないと、欲しい未来は手に入りづらくなるからです。

ぜひ、「社会背景は常に変化している」という事実を念頭に置いて行動してみてください。夢を叶えるためには、社会背景の流動性を加味することが大事です。社会状況を掴む視点は一生ものですので、大いに活用することができるでしょう。

1-9❖クレームこそ宝、苦言に耳を傾けない人は進化がストップする

夢を叶えるプロセスで、誰でも必ず通るのが周りからの苦言です。多くの成功者はたくさんの痛いフィードバックを受けて成長しています。しかし、若いときほど「なんで言われなきゃいけないんだ」とイラっと来ることは多いでしょう。心に刺さる助言や手厳しいクレームほど目を背けたくなるかもしれません。みなさんの気持ちは痛いほどわかりますが、クレームの95%は自分が次に進むための材料です。ここでは、みなさんに分かりやすいように「クレーム」という表現を使っていますが、本当は「クレーム=宝」「苦言=金言」だと捉えています。いただいたクレームを全部自分に取り入れていくことで、どんどん進化していけるからです。

多くの人は、クレームを受けたらどうやってストレス発散するかを考えるでしょう。しかし、冷静に受け止めると、クレームが起こるということは、そこに何らかのミスや問題があった可能性が高いのです。それを改善しなければ、成長し続けることはできません。耳の痛いことは僕もたくさん言われてきました。しかし、聞く耳をもたな

かったらクレームはクレームのままです。なぜそのクレームをもらったのかを考えるべきであり、クレームをもらったことは成長するためのギフトだと捉えています。

僕が1社目で勤めていたときのことです。会社で定められている目標に「契約件数」「グロス（自社売上）」「達成率」という3つの指標がありました。これらをすべて達成した3冠王になりたくて、毎月ひたすら不動産の契約を受注していました。しかし、あるときお客様から「契約が終わったら全然連絡をしてこない」と会社にクレームが入りました。上長はノルマをしっかり達成し続けている僕をみて「放っておけ」と庇ってくれたのですが、当時の僕も「契約するまでが会社の仕事なんだから、そんなの当たり前じゃないか」と思っていたのです。

しかし、クレームをもらったことを振り返ってふと気づきました。営業マンとしては、契約を取って入金確認するまでがメインの仕事です。しかし、お客様にとっては、これから長く過ごす家を見つけたばかりで、新しい人生の入口に立ったところです。さまざまな期待や不安があるのは当然です。お客様は、「家と一生付き合う気持ちで買ったんだから、買って住んだ後も連絡くれるべきだろう」と感じていらっしゃったのです。それを、営業目線で「契約が済んだから連絡しない、とするのは人として違うのではないか？」と僕は考えを改めました。仕事への熱意はあったのですが、自分本位の熱意だったことに気づいたのです。以来、契約が終わってからも定期的に挨拶に行くようにし、アフターフォローを徹底することで、長くお付き合いできるお客様も増えていきました。

このように僕もクレームを改善して成長してきました。自分で会社を経営する現在でも、もちろんお客様のクレームはあります。クレームをいただいた時は、その全部を吸収していこうという気持ちで取り組んでいます。僕はクレームにどれだけ真摯に向き合えるかで、人生の設計図のクオリティは決まると思います。クレームをもらったら逃げずにどんどん吸収していくと、成長するチャンスに変える事ができるでしょう。

1-10❖夢が夢のまま終わるメカニズム

さて、先項で20代のうちから準備しておくべきとお伝えしました。夢を叶えるために必要な準備ができていないと、夢は夢のままで終わってしまいます。ここでは、どんな準備をしたらいいのかを詳しくお伝えしていきましょう。

「夢が夢のまま終わる人」の特徴は、「①気持ち」「②スケジュール」「③ツール」が足りないということです。この3つの観点の内、どれか1つでも欠けたら、夢を叶えるための踏ん切りがつかなくなります。僕の先輩は「お金（ツール）が貯まったら独立する」と言いながら、結局着手できず夢を諦めていました。「いつかやる」を無くすために、「①気持ち」「②スケジュール」「③ツール」の3方向の視点からから考えることが大事です。

僕は夢を叶えることとは、登山に似ていると思っています。例えば「富士山に登りたい」と思ったとします。そうしたらまず「僕は富士山に登ってきます！」と周りに表明するのです。気持ちを公言することで、退路を断つことができるからです。そうしたら、次は具体的にいつ登るかを決めます。すると、そのために必要な服装や装備品、資金といったツールを整えるために動けますし、それに役立つ情報などが入ってくるようになります。上期日に合わせたスケジュールも立てることが可能です。

このような富士山に登る過程でわかるように、僕は3つの観点のうち「気持ち」が一番大切だと感じています。「登ろう」という気持ちになったら、積極的に周りに言っていくことです。すると、自分でも行動せざるを得なくなります。もちろん公言すれば「そんなの無理でしょ」と批判したり指摘したりしてくる人も周りにいます。しかし、実行するために自分に足りないものが、そういった他人からの指摘で分かります。人から言われたことで凹むのではなく、「自分が相手に公言したから行動するしかない」と原動力にするのです。今の僕も、夢を夢で終わらせないために目標は口頭で公言したり、個人のインスタグラムなどで発信したりしています。そうすることで、自分の言動が夢を叶える方向に寄っていくと知っているからです。

つまり、夢を夢で終わらせないためには、まずは自分の言葉で発信してみましょう。そこから、自由な人生が始まります。発言したら、今のままの装備で山登りできるのかを確認し、準備を始めましょう。本書では発信後の具体的アクションも、僕の実体験から得た秘訣をたっぷり紹介していきます。

第2章　黒歴史を白歴史に変えるための7つの秘訣

（理想のライフスタイルを送るための準備）

2-1❖理想の人生を実現する「7つの秘訣」とは？

本章では、黒歴史を白歴史に変えて理想のライフスタイルを達成する上で発見した7つの秘訣を紹介します。

これからお話しする7つの秘訣は、実際に僕が心がけて実践していることです。また、僕の周りの人や、相談に来る方にもお伝えしている内容です。この7つの秘訣を順番通りに実践していくと、自分の事をより深く理解でき、理想のライフスタイルが具体的になってきます。また、自分が誰と一緒に過ごしたいかがわかり、幸せな人間関係を築けるようになります。

7つの秘訣は大きく3つに分類できます。

1つ目は、「自分自身を知り、理想を現実化させるための秘訣」です。

・秘訣1：「好きなことをする時間」「嫌いなことをする時間」をもっと区別をつける
・秘訣2：インフルエンサーになったつもりで、まずは好きなことを投稿する

自分の棚卸し作業から好きな事を知り、実際にアウトプットするステップです。

2つ目は、「人と交流し、良好な関係を結ぶための秘訣」です。

・秘訣3：まずは人に興味を持って話を聞く
・秘訣4：車や靴にも「ありがとう」と声をかける
・秘訣5：自分の周りから順番にお金を落とす
・秘訣6：相手を寂しくさせないコミュニケーションを身に付ける

相手に興味を持ち、関係性を築くため会話術やお金の使い方を実践するステップです。

3つ目は、「自分と人の絆をいい形で循環させ、広げていくための秘訣」です。

・秘訣7：笑顔を増やすと成果も出る

最後は、人間関係をさらに大きく広げていくためのステップです。

以上の7つの秘訣を実践すると、自分の理想がどんどん現実になっていきます。このあと、秘訣を1つずつ順番に解説していきます。具体的な事例や、夢を叶えるプロセスでつまずくポイントも併せて紹介しますので、参考にしてくださいね。

2-2❖秘訣1：「好きなことをする時間」「嫌いなことをする時間」をもっと区別をつける

自分の好き嫌いを明確に把握することが、本当に自由なライフスタイルへの第一歩です。「これ以上できない」と思うくらい好き嫌いを細かく区別していくのがコツです。

僕は、「もっと自由に生きたい」「独立して起業したい」という相談を数多くの方から受けています。しかし、独立起業して「自由になった」と思っても、好き嫌いが曖昧だと嫌なことに線を引けず、結局続かなくなるケースを見てきました。そのため、まず何よりも自分の好き嫌いをしっかり突き詰めることが先決だとお伝えしています。本当に好きなことに時間を使えたら、どんどん成長する事ができるからです。逆に、嫌なことであれば、「本当に嫌だから自分ではやらない」と決めて、他人に任せる方が上手く行きます。

好きな事・嫌いな事を挙げる際に大切なポイントは、細かく区別する事です。会社員だと、どうしても好きな仕事も嫌いな仕事もあると思います。そこを一辺倒に嫌いとしないということです。仕事の中でも、好きな業務はあるはずです。また、趣味や私生活で好きなこと・嫌いなことを挙げていきます。まずは単純に20個ずつ、箇条書きでリストアップしていきましょう。

ちなみに、僕は営業が大好きです。ただ、一口に営業と言っても、相手は「一人」「大勢」「新規」「ルート」など、さまざまな営業があります。その中でもどのような営業が好きなのかをさらに細かく区別する必要があります。僕は突き詰めて考えた結果、「お客さんを喜ばせたい」という気持ちが強いと気づきました。だから、「もっとお客さんを喜ばせるには会社をどう進化させていくのか？」とアイデアが湧いて出てきて、事業を成長させる原動力になっています。

それに対して、契約書の作成は本当に苦手です。そのため、自分が契約書を作る時間を持たないよう、得意な人にお願いするようにしています。

「自分は何が好きなのか？」を突き詰めた結果、営業から管理職になった社員もいます。彼は営業として1千万円の売上を達成した実力のある社員です。しかし、あるとき彼から「管理職になりたいです」と申し出がありました。理由を聞くと、自分に子どもができて働き方が変わったときに、「教える側の楽しさに目覚めました」と教えてくれました。そして、「自分を信じて入社してくれたメンバーたちにも、成功体験を与えてあげたい。だから自分は後ろでサポートに入りたい」と決意してくれたのです。これは、会社としても本当にありがたい申し出で、とても助かっています。

このように、自分の好き嫌いを細かく区別すると、好きな事だけに時間を使えるようになります。好きな事をして周囲に喜んでもらえると、次第に自由な時間と収入が得られ、理想のライフスタイルに近づいていきます。

2-3❖秘訣2：インフルエンサーになったつもりで、まずは好きなことを投稿してみよう

自分の好きなことがわかったら、次はSNSやブログなどで発信してみましょう。コツはインフルエンサーになり切って、「どうやったら見た人が喜んでくれるか？」という視点でアウトプットすることです。少しずつでも続けることで、徐々にフォロワーが増えていき、いずれ仕事にもつながります。

好きなことを洗い出しただけで終わるのはもったいないと思います。SNSは自分

の好きなことをプレゼンする絶好の場です。もし、投稿して嫌いになってしまったら、「本当に好きなことではなかった」と気づくいい機会にもなります。そのときは、もっと自分の好き嫌いを区別する必要があると気づけるでしょう。

友人のインスタグラマーAさんは、中高一貫の進学校に通っていた頃、親から「勉強しなさい」という圧力が強く、「勉強を続けて本当に意味があるのだろうか…」と悩んでいたそうです。そして社会人になったAさんは一念発起し、オーストラリアへワーキングホリデーに行きました。帰国後、そこで体験したことや、自身の勉強への想いをインスタで発信したところ、今ではフォロワーが2万人を超えています。ワーホリに行きたい人からの相談もあり、現在では仲介サポーターの仕事にも繋がっています。

また、食品関係の仕事をやっていた友人は、現在は「神戸イベント」というインスタアカウントを運営しています。3年ほどかけて地域の情報をコツコツ投稿した結果、フォロワーが3万人になり、さらに「アカウントで自社の商品を紹介してほしい」という広告案件まで依頼されるようになっています。

SNS投稿のコツは、何でも出来るジェネラリストではなく、専門性の高いプロフェッショナルを目指すことです。単純に「筋トレが好きだからパーソナルトレーナーをしている」だと、他にもたくさんいます。たとえば、「女性のヒップアップ」や「男性の胸筋パンプアップ」といった独自性や専門性をしっかり打ち出して発信していくことが重要です。

「自分には得意な事がありません」「仕事にできるほどの趣味や特技は無いです」と言う人もいるかもしれません。その際は、1カ月・1週間・1日の中でやっていることを書き出してみて下さい。24時間、何もしていない人はいないはずです。どんな人でも自分の時間を何かには使っていて、他人とは違う特徴や独自性が絶対にあるはずです。ダイヤの原石を見つける感覚で、今は本当に売れるか自信がなかったとしても、ハマっている事や情熱を注げる事を見つけてみて下さい。その後に、商品価値をつける事を考えれば良いのです。

まずは、あまり深く考えず、好きなことをインスタグラムやブログで投稿してみましょう。その後の反応を見ながら、「どうやったら見た人が喜んでくれるか？」という目線でアウトプットすることで、自分の理解や発信内容の精度を高めていけば良いのです。発信を続けていくことで、人との繋がりから、好きな事が仕事になるケースもあります。特にお金もかからないので、ぜひ試してみてください。

2-4❖秘訣3：お金も仕事も人からやってくる！まずは人に興味を持とう

人と話すときは、自分の話をする前に、まず相手に興味を持って質問してみましょう。すると、自然と話が広がって、新しい学びや仕事への発展など、いい形で自分のところへ返ってきます。

勘違いして欲しくないのですが、これは決して、「上の人にゴマをする」「部長や課長の肩書を見て話す」ということではありません。それよりも、社外で魅力的な人に会って話すことが成長につながります。

その際に、自分の話から入ると、結局自分の物差しでしか判断できず、一面的な話で終わってしまいます。そのため、話が広がらないし、仕事にもつながる事もありません。

たとえば、あなたの目の前にパーソナルトレーナーがいたとします。会っていきなり「自分のトレーニングを受けませんか？」と言われても、トレーニングを受けたいと思うでしょうか？　一方で、知り合いの誕生日にお祝いを伝えたとき、相手が「最近太ってきて、年齢的にも気になっている…」と話してくれたら、「じゃあ一度うちのトレーニングを受けてみませんか？」と誘ってみると、スムーズに仕事につながったりします。このように、まず相手への興味から行動すると、不思議と自然なタイミングでお金や仕事が入ってくるのです。

僕の事例もお伝えします。僕は子どもがいるので、地域で開催される子ども向けのお祭りの運営に携わっています。お祭りのチラシを地域の方やお店に配りに行くとき、僕は自分から話しかけて、まずは信頼関係を築くことを意識しています。すると、相手の方から「前田さんってお仕事は何をされているのですか？」と聞かれ、「不動産屋をしています」と言うと、仕事の話につながることもあります。

人に興味を持つことで、ビジネスのヒントを得ることも出来ると考えています。たとえば、公衆電話の会社の営業マンに、「公衆電話は減っているのに、なぜこの仕事をしているのですか？」と質問してみると、意外な答えが返って来るかもしれません。たとえば、「0台になることはありません」「高速道路には公衆電話が必要なんですよ」

と回答される可能性もあります。企業が続いている理由がわかったら、新たな視点が得られます。

このように、人に興味を持って話しかけると、仕事のヒントにつながる事もあります。自分の発信はSNS上で存分に出来る時代です。相手に接したときは、積極的に質問して深掘りし、信頼関係を築いていきましょう。

2-5❖秘訣4：車や靴にも「ありがとう」と声をかける「感謝のルーチン」

人生で当たり前のことは何1つありません。身の回りの人や物事に感謝すると、人生で本当に大切にしたい事が見えてきます。

自分にあるのは、身体1つだけです。靴があるから、裸足では歩けない場所も歩けます。車があるから、徒歩では行けない距離まで行けます。友達がいるから、寂しいときも話ができます。会社であれば、既存事業が稼いでくれるから、新規事業に挑戦できるのです。

感謝の気持ちを持つことで、すべての景色が違って見えます。そして、「どういう時に人から感謝されるのか？」もわかるようになります。ビジネスでは、人から感謝されて初めてお金がもらえます。起業するときにも、この感謝される場面を理解していることが重要です。

今でこそ「感謝のルーチン」と言っていますが、僕自身も周りに感謝できない時期もありました。両親が離婚して貧乏になったときには、自分が恥ずかしくなり、親を憎むこともありました。また、社会人になったときも、とにかく「お金を稼ぎたい」「名声を得たい」という気持ちだけで、ガムシャラに働いていました。

その考えを一変させたのが、首の骨を折る交通事故だったのです。当時は、「とにかく会社に行かなきゃ」「事情を説明しなきゃ」と焦っていたのですが、ドクターストップがかかり、入院することになりました。最初のうちは、会社の人たちも心配して見舞いに来たり電話をくれたりしましたが、次第にそれがなくなっていきました。そのとき、自分が「会社の看板を背負った前田誠治」として生きていたことに気づいたのです。

事故直後は1日数十件もかかってきていた電話もすっかり鳴らなくなりました。それでも気にかけてくれたのは、家族や友人でした。幸い、事故の後遺症はなく五体満足でしたが、下手をしたら「会社の看板を背負った前田誠治」で人生が終わっていたのです。「これからは自分のなりたい前田誠治として、自分を大事に思ってくれる人たちのために生きていこう」と決意しました。当たり前に生きていた毎日が当たり前ではないと気づき、そのとき自然に「ありがとう」が心から湧いてきたのです。

僕は入院して初めて、「生きていることが当たり前ではない」と気づきました。しかし、事故に遭っても遭わなくても、誰にとっても時間は有限で大切なもの。だからこそ、自分で「時間を使うに値するかどうか」の区別をしっかり付けることが大事です。感謝は、そのための大きな指針になります。さまざまなことに感謝を向けることで、自分の中で「何が大切なのか？」がより明確になると考えています。

2-6❖秘訣5：自分の周りから順番にお金を落とそう、お金を流す優先順位とは？

コスパ重視で最安値の商品を買い求めるより、応援の気持ちを込めて自分の周りの人たちにお金を使っていくと、よい循環が生まれます。

会社員をやっていると、毎月の給料が振り込まれても感動が薄れがちです。しかし、お金は自分の時間やエネルギーを費やして得られるものです。だからこそ、「〝ありがとう〟の質」という観点から、使う先を選ぶことが大事です。

僕は、散髪も、服も、保険も、車も、取引先もすべて、知り合いにお世話になっています。プロテインも、空手の師範がやっているパーソナルジムに注文しています。実は、ECサイトより1千円高いのですが、師範から直接購入しています。

なぜなら、ネットで安い買い物をしても、自動メールで「購入ありがとうございました」と返ってくるだけです。その買い物が自分にとって間違った選択であっても、誰も指摘してくれません。

一方で、自分の周りの人たちにお金を使った場合、相手も嬉しくなり、それを見た自分も嬉しくなり、相互に〝ありがとう〟が育まれていきます。そういう関係を築けると、今度は自分が何かを始めるときに応援してもらえるようになるのです。時には耳の痛い意見もありますが、それはさらに良くなるための大切な材料になります。

自分の周りの人にお金を使ったときに、感謝や恩恵もなく一方的にお金を持っていかれて、「お金を使った甲斐がなかった」「間違えた」と感じるときも正直あります。そんなときは、「こういう薄情な人もいるんだな、気をつけよう」「あの人はすごく感謝してくれて、ありがたいことだな」と、お金を払ったからこそ見極めができると考えています。

中には、「お金を使うような知り合いがいない…」という人もいるかもしれません。その場合、家族や友人にちょっとしたプレゼントを贈るなどして、笑顔を作るところから始めてみましょう。また、「お金は投資すると決めている」人なら、自分が本当に応援したいところに投資できているかを改めて考えてみてください。自分が心から納得できる使い道になら、「よし、もっとがんばってお金を稼ぐぞ！」という気持ちになって、より良いエネルギー循環が起こり、自然と仲間も増えていきます。

自分のお金をどう使って〝ありがとう〟を循環させるかは、独立して自分の商売を始めたときには非常に大切な観点になります。やはり、会社員のうちから感性を磨くことが重要だと考えています。

2-7❖秘訣6：相手を寂しくさせないコミュニケーションを身に付けよう

相手に寄り添い、〝寂しくさせない〟コミュニケーションを取れるようになると、相手の印象に強く残り、自分にもさまざまなメリットがあります。

人には、「自分の話をするタイプ」と「人の話を聞くタイプ」の2種類がいます。ほとんどの人が自分の話をします。話を聞くタイプはなかなか少ないので、それだけで相手の印象に残りやすいのです。また、自分の話ばかりしていると、話は広がりません。相手の話を聞いた上で、そのエッセンスを読み取って話すと、どんどん話が展開して盛り上がります。

ここで言う〝寂しくさせる〟コミュニケーションとは、たとえば、LINEで既読スルーしたり、相手が話しているときに自分の話を被せたりすることです。わかりやすい例だと、「今暇なんだよね」と電話してきた人に、「そうなの？　俺、超忙しいよ」と返したりすることです。

それに対して、〝寂しくさせない〟コミュニケーションとは、LINEで必ず自分が

（スタンプでもいいので）送ってやりとりを終えたり、相手の話に質問しながら聴いたりすることです。すると、相手が何を考えて発言したのかが深くわかるようになり、相手の性格が見えてきます。

もしかすると、こちらがスタンプを送って終わらせようとしても、向こうがまたスタンプを返してきて、テニスのラリーのごとく終わらないこともあるかと思います。そういう時は、相手は気遣いができる人で、「自分との関係を大切に考えてくれている」ということも見えてきます。

人間は、実際に言葉を口にするまでに様々なことを感じたり、考えたりしています。たとえば、1つのリンゴを見たとします。「リンゴが1個ある」と思う人もいれば、「赤いリンゴだ」と思う人もいます。大きさに注目する人もいるし、このタイミングでリンゴを見せた意図を考える人もいます。つまり、「自分と同じ見方をする人ばかりではない」ということです。そのため、自分の物差しだけで話さずに、見えない行間を汲んだ上でやりとりすると、「この人は自分のことを理解してくれる！」と相手からの信頼を得られます。

人にはそれぞれ独自の観点があり、そこからコミュニケーションを投げかけてきます。それに寄り添って返していくことで、相手を寂しくさせず、良い関係を築くことができます。こうして築いた人間関係は、自分の理想のライフスタイルを叶える後押しをしてくれるでしょう。

2-8❖秘訣7：笑顔を増やすと成果も出る

相手の笑顔を増やす行動を取ると、最終的にお金も成果もついてきます。

お金は結局、単なる紙切れに過ぎません。そして、人を笑顔にして、感謝された結果として手に入るのがお金です。「どうやったら周りに貢献できるか？」を真っ先に考えて行動していけば、お金は自然と入ってくることを僕は経験しています。

僕の経営している会社では、不動産と飲食店が売上のメインになっています。しかし、地域のお店に「不動産屋ですけど、ポスター貼らせてください」と言っても、追い返されるのがオチです。だからこそ、まずは社会貢献することを大事にしています。

具体的には、隣町の人のご縁でジュニアサッカーチームのスポンサーになり、夜の練習の照明代を寄付しています。また、地元の小学生のために、会社の敷地で年に2

回、お店を集めてお祭りを開いています。すると、サッカーチームの子どもたちやコーチたち、地域の方々など、いろんな人の笑顔が溢れていき、それに触れあった社員たちも笑顔になります。そして、「忘年会するなら前田さんのお店でやろうか」「不動産のことで相談したいんだけど」と自然と仕事の話に繋がっていくのです。

ポイントは、自分が貢献したい事や場所をきちんと特定することです。僕の場合は、スポーツと地元・吹田市に絞って活動しています。生まれも育ちも吹田で、サッカーやテニスなどのスポーツが自分の人格形成をしてくれたからです。この2つに強い感謝の念があるので、スポーツと吹田に特化して貢献しています。自分が得意な不動産・飲食関係のことで恩返しできたらと思っています。

笑顔を生み出したい場所や相手をしっかり定めたうえで自分の時間やエネルギーを費やすと、自分も笑顔になり、いい流れが循環していきます。逆に、「なんとなくこれなら儲かりそうだから」といった表面的な理由で行動を起こすと、空回りして、結果的に自分のお金や労力を失うことになります。

お金は笑顔を生み出した先に待っています。まずは自分ができる事、したい事、好きな事をしっかり区別したうえで、どこで誰に笑顔をつくりたいのか、どうやったら笑顔を生み出せるのかを考えて行動してみてくださいね。

第3章 まずは大好きなことを見つけよう

（大好きなことを見つけるステップ）

3-1❖白歴史と黒歴史も含めた「オセロな自分年表」を作ろう

第2章では、自分の好き嫌いを知ることの重要性をお伝えしてきました。しかし、「やっぱり大好きなことが分からない…」と悩む人もいるかもしれません。そのような人には、自分年表を作ることをオススメしています。自分年表とは、自分が生まれてから今までにしてきた事を歴史のように年表にまとめたものです。

好きなことは自分の経験に隠れています。自分年表を作る時のコツは、楽しかった思い出と嫌だった思い出の両方を書き出すことです。実は、自分が忘れようとしている嫌な思い出、いわゆる黒歴史を知ると、好きなことが見えることもあります。

物事には、オセロのように白と黒の二面性があります。「黒歴史だ…」と思っていたけど、実は振り返ったら自分が大きく成長した時期だと気づくこともあります。今の自分は、過去の経験の積み重ねからできています。だからこそ、両面から人生を見つめ返すことで、自分の事をより深く知ることができるのです。

僕は小学生の頃、野球に行く度に、高学年からデッドボールを当てられた経験があります。太ももに当たると特に痛くて、すっかり野球が嫌いになり、やらなくなりました。しかし、大人になってからよく考えてみると、〃球に当たるのが嫌〃だっただけで、野球そのものは好きだと気づきました。今ではよくバッティングセンターに行っています。

また、学生の頃の文化祭を思い出してみると、「みんなでワイワイするのは楽しかったけど、設営は嫌だった」と、自分の好き嫌いが見えてきます。この感覚は人によっても違い、逆に、「設営は好きだったけど、大勢で話すのは苦手」という人もいます。

このように、思い出を両面から振り返ることで、自分の特性が見えてくるでしょう。

二度と思い出したくない過去も、苦手意識やネガティブな部分にフォーカスしているだけかもしれません。ネガティブな経験をオセロのようにひっくり返してみると、自分の才能や好きなことが発見できることもあります。「オセロな自分年表」で自分の白歴史・黒歴史のすべてを洗い出して、本当に自分が大好きなものを見つけて下さいね。

3-2❖「思い切って3日間だらける」とやりたいことが見えてくる

仕事もスマホもOFFして、3日間思い切り〃だらける〃と、本当に自分が大切にしていくものが見えてきます。予定がギチギチに詰まり、日々のタスクに追われていると、場当たり的な対応に終始し、優先順位の低い予定やタスクを抱え込みがちです。そして、自分が本当にやりたいことが見えなくなるという悪循環に陥ります。

そこで思い切って3日間、生活の中に空白の時間を設けてみて下さい。また、空白が終わった後に一時的に余裕がなくなるので、強制的に優先順位をつけられるというメリットもあります。

僕が意図的に「何もしない時間」を持つことの大切さを知ったのは、首の骨を折った事故で3か月間休職したときです。入院中はとにかく暇で、レンタルショップで映画やバラエティ番組を見て過ごしていたのですが、次第にそれも飽きてきました。

そのとき、「自分はどう生きたいのか?」をふと紙に書き出してみました。「元々は大手企業の副社長だった父を超えたいと思って就職した」という記憶も思い出しました。退屈だった入院生活も人生の目的を再確認する時間へと変わったのです。このときの時間が、現在の僕の理想の生活に繋がっています。

また、ユダヤ教には「シャバット」という安息日があるそうです。金曜日の夕方から土曜日の夕方まで、お店や交通機関もすべて止まり、車の使用も禁止されているので、家にいるしかありません。電化製品や携帯電話の使用も禁止され、一時的にアナログな生活に戻ります。

「シャバット」のように何もしない時間をつくることで、本来の自分に出会えます。まずは、土日+有給休暇で3日間だらけてみて下さい。その間は本当にスマホもネットも触らず、「○○をしよう」という目的も持たないことが大切です。極限まで暇になったときに、自分がふと何をしたくなるかに注目しましょう。

ノイズ情報が溢れる現代では、人生の目的を見失ってしまいがちです。強制的に何もしない3日間をつくり出すことで、本当に自分が大切にしたいものと出逢えます。この方法は、特にお金もかからないので、ぜひやってみて下さい。

3-3❖好きなことは実はあなたのすぐ隣にある

自分をじっくり見つめると、好きなことはすぐ近くにあると気づくでしょう。なぜなら、人生で自分が好きなことを全くやらずに生きる人はいないからです。

僕は子どもの頃からずっとスポーツが好きで、大学もテニスで進学しました。社会人になってからは営業が好きでバリバリ働いていましたが、会社でお客様と面会する営業や、電話でアポを取る営業は嫌でした。逆に、自分の足を使ってお客様に会いに行く営業は大好きだったのです。

考えてみると、スポーツと営業スタイルの好みから、身体を動かすこと、人と対面で話すことが、自分は好きだとわかりました。自分で起業した時ときもこうしたスタイルを大切にして、お客様に自分の足で直接会いに行ったり、東南アジアに行って新しい景色を見て感性を深めたりしています。今の時代は、インターネットだけで完結できるビジネスモデルもありますが、自分の好きなスタイルをとり入れないと、モチベーションが続きません。

仕事だけではなく、スポーツも改めて大好きだと気づいたので、社会人になってテニスを再開しました。そしてスポーツに恩返ししたい気持ちから、事業の中にもスポーツ貢献を取り入れています。

また、大学時代の遠征試合や会社員時代の移動中に見る景色が好きという気持ちは、「この景色とともに仕事をしたい」と、吹田で仕事をしたい理由の1つにもなっています。

自分にとって大切なことは、身近すぎると気づかないことがあります。じっくり自分を分析して、何をしている時に高いモチベーションを維持できるのかがわかると、理想のライフスタイルをデザインする際の参考になると思います。

3-4❖仲の良い友人に「自分のキャラ」を教えてもらう

自分年表を作ったら、それを友人や家族などに見てもらいましょう。すると、また違った一面が見えるので、さらに自己分析の精度が高まります。

「自分が他人からどう見えているか?」と考えることはとても大切です。意外と、自分のことは自分ではわかりません。家族や友人に頼んで、自分が見えていない部分を教えてもらいましょう。また、自分で考える自分像と、相手が考える自分像には必ずギャップがあります。ギャップについて知っておくことで、あえてそのまま突き進むのか、他人の評価も交えて自分を柔軟に変えるのか、どちらにせよ主体的に選択できます。

僕は学生時代、「歩くスピーカー」というあだ名で呼ばれていました。「誰と誰が付き合っている」「部活の練習をさぼってパチンコに行っていた」など、話を聞いたそばから喋るので、周りに筒抜けになってしまうからという理由でした。僕としては、相手に「秘密にして」と言われたわけでもないし、隠すようなことではないと思い、素直に悪気なく話していただけです。僕自身に、「歩くスピーカー」という自覚は全くありませんでした。この事は、自己評価と他者評価の違いを実感し、自分が気づかなかったキャラクターを教えてもらった出来事として印象に残っています。

まさに、先述した〝リンゴ理論〟と同じで、リンゴの受け取り方は人によって違うのです。自分では大きくて赤いリンゴだと思って見せても、「これは小さい方だよ、赤いけど」と言う人もいれば、「赤くないでしょ、サイズはあるけど」と言う人もいます。または、同じリンゴを見ても、「中身が全部ない、空洞だよ」という人もいます。自分のキャラクターも同じで、「歩くスピーカー」と言っても、僕と同じようにただ喋るのが好きな人にとっては、「いや、普通でしょ」で終わることもあります。人によって受け取り方は千差万別です。だからこそ、どう見えるかを聞くことで新しい自分を発見できますし、相手の物事の捉え方についても理解が深まります。

ぜひやってみてほしいのは、自分年表を周りの人に見せることです。「そういえば

○○も好きだったよね」など、話が広がって面白くなります。できれば、小学校時代、中学校時代、高校時代、大学時代、社会人と、フェーズの違う友達に見せてみましょう。さらに親や親戚に見せても新しい発見があるはずです。疎遠になっていたり、「そういう間柄の友達がいない」という人は、これをきっかけに連絡を取ってみたり、新しい出会いを探してみたりすると、ご縁がつながります。

このように、自己分析だけで終わらせずに、人を巻き込んでもっと深掘りすると楽しくなります。そうすれば、自分に対しての理解が深まり、相手との絆も深まるので、一石二鳥と言えるでしょう。

3-5❖「憧れの人」と「絶対になりたくない人」の両方を人生のベンチマークにする

「こうなりたい」という憧れの人、逆に「絶対にこうはなりたくない」という人の両方のベンチマークを持つことをオススメします。

自分の理想の人生を歩むためには、他人に流されずに行動することが重要です。そのために、憧れのメンターや絶対なりたくない〝ダメンター〟がどんな基準で物事を取捨選択しているのかを知っておくと、強力な人生の指針になります。

たとえば、憧れの人がどういう人に優先的に会いに行くか、その基準を知ると自分でも応用できます。逆に、「24時間戦えますか」の精神で、ろくに睡眠もとらない企業戦士の人を見ても学びがあります。なぜなら、「自分にはキツイな」と思ったら、そうならないように回避できるからです。行動の消去法・選択法など、ベンチマークにしている人の一挙手一投足が、自分の行動のヒントになります。できれば、自分の身近にいる人と、遠くにいる人とで憧れや反面教師の方がいると、解像度がグッと高まるでしょう。

僕の身近な人で尊敬する人は、地域社会にフォーカスしている介護職の人です。力仕事をこなしておじいちゃん・おばあちゃんと向き合い、世間的な風当たりが強くても粛々と業務に携わっているからです。僕は現在、子どもたちへの支援を通して地域社会に貢献していますが、いずれは高齢者に対しても貢献していきたいと考えています。尊敬する近しい人たちとは、思ったときに会いに行ける関係で、月に1回食事をする間柄です。憧れる人と定期的に会っていると、自分の大切にしたいことを見失わずにいられます。

また、遠い人で尊敬する人は、松下幸之助、稲森和夫、本田宗一郎です。僕は、昭和のレジェンド経営者の本をかなり読みこんでいますが、彼らの遺したメッセージは、現在ビジネス界隈のトレンドである〝パーパス経営〟とも繋がっています。こうした本質を語る過去の偉人や海外の政治家など、自分と直接の接点はなくても、憧れる人の視点に触れることも大切です。自分の心に触れたフレーズを時折思い出す程度でも効果的です。

逆に、僕が「絶対になりたくない人」は、お金でマウントを取り、誠実ではない情報を流す人です。ＳＮＳでのお金のバラマキや、節税効果だけを前面に出してリスクをきちんと説明しない不動産情報を発信する、いわゆる情報弱者を操ろうとする人たちです。もし自分が経営で落ちぶれたとしても、それだけは手を出さないと決めています。

特に、お金や時間の使い方は人生を大きく左右します。自分の理想の人生と、それに反するものを、実際の人物を通して確認することで、具体的な行動が起こせるようになります。さらに、踏み越えたくないラインを明確にもできるため、やってはいけない行動も見えてくるのです。

3-6❖周りにいる理想の家族をモデルにする

仕事・稼ぎ・家族・趣味の４つの時間がどのようなバランスにあるのが理想かを考えて、それに近い過ごし方をしている人や家族をモデルにすると、自分の理想に近づけます。

人はどうしても、目先の好きなことやタスクに囚われます。僕も、つい仕事過多になってしまいがちです。そこで、10年先の自分が実現したいと思えるような理想の人生のロールモデルを持つと、「今の自分の時間の使い方は正しいのか？」と考えて判断できるようになります。

僕は、結婚して家族を作ることを理想の一つとしていました。これは、日本の出生率が減っていること、幸せとは言えない家族を見てきた経験に影響を受けています。もちろん、考え方や生き方は人それぞれです。だからこそ、自分にとっての理想の人生を考えることが重要です。

僕には、４人の子どもを持つ同級生がいます。外から見ていると「学校に行かせているのかな？」と疑うくらい家族の時間が多く、年末に家族で海外旅行にも行っています（実際には学校に行かせています）。あそこまでは出来ないと思いつつも、家族と過ごす時間を大切にしている同級生のことを「いいな」と感じています。つい仕事をやり過ぎる僕にとって、同級生のライフスタイルは、時間の使い方を考え直す良いきっかけになっています。

逆に、どれだけ仕事やお金が充実していても、幸せとは言えない家族もいます。実際、不動産の仕事をする中で、さまざまな人間関係を見てきました。お金で相手を繋ぎ留める歳の差カップルもいれば、熟年離婚する夫婦もいます。一緒に長い時間を過ごす大切な家族だからこそ、どうしたらお互いに理想的な関係を保っていけるかを話し合う必要があると考えています。

もちろん、ひとつの家族だけをモデルにしなくてもいいと思います。「ここは真似しよう」「この部分は違うな」と、さまざまな家族を見て、取り入れたいポイントを取捨選択していきましょう。自分１人の生き方ではなく、家族という人間関係の理想からロールモデルを探すことで、誰かにサポートしてもらう等の発想が出てきます。

仕事・稼ぎ・家族・趣味の4つの観点で、自分以外の家族関係を見ながら理想を明確化することで、自分の家族ともより良い時間を過ごせるようになります。10年先の実現したい家族像や理想のライフスタイルから逆算し、行動することで夢に近づくスピードが加速するでしょう。

3-7❖1つの事をやり続けると見える景色がある

ここまで、好きなことを突き詰め、自分の理想のライフスタイルを明確にすることの重要性をお伝えしてきました。一度好きなことがわかったら、まずは一定期間やり続けてみましょう。ずっと続けていると、新しい発見や思いがけないチャンスに繋がり、知らない景色を見ることができます。

1つのことをやり続けると、感覚が研ぎ澄まされるため、周りの人が気づけないほんの些細な違いにも気づけるようになるからです。それが、自分を更に奥深い世界に連れていき、〝好きの沼〟にどんどんはまっていきます。

僕は高校・大学とテニスをずっとやっていましたが、社会人になってから中断しています。27歳にテニスを再開して今も続けていますが、発見が尽きません。たとえば、「身体のどの部分を使ったら強いサーブが打てるか」「ラケットをどう振ったらいいプレイができるか」など、試行錯誤しながら取り組んでいます。「突き詰められるところまで行った」とは全然思えなくて、まだまだ可能性を感じます。そして、「スポーツが好きだ」という気持ちもますます高まっています。

このようなスポーツへの想いから、僕はスポーツチームのスポンサーも始めました。とは言え最初は「仕事には関係ない」と思っていたのですが、今ではそれが地域との結びつきを生み、仕事にも繋がっています。これは、スポーツを好きで居続けたことで、新しい世界が見えてきたと実感しています。

また、Apple の創業者であるスティーブ・ジョブズも、大学の授業で「ただ美しさに魅了された」という理由だけで、熱心にカリグラフィー（文字を美しく見せる手法）を学びました。それが後にマッキントッシュの開発、Apple 製品に活かされています。スティーブ・ジョブズがカリグラフィーを取り入れなければ、今でもパソコンやスマホにおいて、たくさんのフォントから好きなものを選んだり、レイアウトを調整したりできなかったかもしれません。このジョブズのエピソードは、一見関係ないものでも、のちのち融合してすごい化学反応を起こすことがあると教えてくれます。

自分が好きで始めたことは、とことん続けてスキルを磨いてみてください。最初はあまり起業には関係ないと思うかもしれませんが、それが将来、思いもしない素晴らしい化学反応を生み出すこともあります。

第4章　もらって当たり前マインドを捨てよう

（成功するマインド、成功しないマインド）

4-1❖もらって当たり前マインド（ＭＡＭ）に気づかない人の末路

どんな人でもお母さんから生まれ、子どもの頃から衣食住を与えられながら育ちます。大人になっても個人差はありますが、常に誰かに何かをもらっています。しかし、与えられる環境を当たり前と考える人は、成長がストップします。「もらって当たり前マインド＝ＭＡＭ（マム）」を手放さないと、残念ながら黒歴史を払拭して理想の人生に近づけません。

なぜなら、ラクで楽しいだけの環境では、人は成長しないからです。一見楽しいとは思えないことの中に、仕事や成長があります。そこに自ら飛び込んで行動することで、他の人が手にできないチャンスに出会えます。

例えば、ＭＡＭの弊害の一つが熟年離婚です。僕は職業柄、このようなお客様たちを数多く見てきました。仕事から家に帰ったら旦那さんがふんぞり返り、当然のように奥さんに家事や子育てをさせていました。そして、定年退職後に奥さんから離婚を持ち出され、初めて自分が家庭にお金を入れるだけの〝ＡＴＭ〟としか見られていなかったことに気づくのです。一方の奥さんは、子どもや友人と遊びに行き、自分の趣味を楽しめますが、仕事一筋で定年を迎えた旦那さんには、特にやりたいこともありません。さらに、高給取りだった場合は、納得できる仕事先も見つからないのです。

特に、会社や取引先から優遇されていた人ほど、自己研鑽を怠る傾向があります。そして、会社を辞めて、急に周りから声をかけられなくなり、そこで初めて「会社の看板があったからチヤホヤされていた」と気づいて愕然とするのです。

不動産業界では、特に大手企業が情報を持っています。大企業の社員は、情報が欲しい中小企業から接待を受けることが多くなります。当たり前ですが、接待する方は情報を引き出して利益を出すことに真剣です。一方で、接待される人は、接待中は気持ちがよいと思いますが、残念ながらその活動自体は自分の成長にはつながりません。僕も接待に呼ばれることは多いのですが、子どもとの時間を大事にしたいのと、自分の成長につながらないので断ることもあります。逆に、成長につながると思った場合には、どんどん自分から会いに行くようにしています。

本当は、人生でもらって当たり前のことは何一つありません。会社で毎月同じ日に給与が振り込まれる事も、有給休暇がある事も、家族が家事をしてくれる事も、誰かが自分のために労力を割いてくれているのです。それらの行間を読んで感謝できたら、

MAMに陥らずに充実した人生を送れるでしょう。40代、50代と歳を取るにつれて、安定にしがみつき、勝負を避けるマインドになりがちです。他者に依存するMAMからは早く卒業した方が良いと思います。

4-2❖自分でやって当たり前マインド（JAM）が成功の鍵

成功する人は、「もらって当たり前マインド（MAM）」ではなく、「自分でやって当たり前マインド（JAM）」を持っています。何でも自分で率先してやってみるから、裏側にある実情とありがたみもわかります。

自由な時間とお金を得ることを突き詰めて考えると、起業して社長になるという選択肢が出てきます。そして、社長には組織作りとブランディングで、周りの人に動いてもらう〝他動〟を増やすことが必須だと考えています。

この〝他動〟を増やす一番の近道は、まずは自分でやってみることです。実際に自分で経験すると、「自分にはできない、無理！」と思うこともあります。経験することで、今まで当然だと思っていた事にも感謝が生まれます。周りに感謝を伝えると、応援者が増えるため、組織作りとブランディングも自然と強化されます。

僕は会社員のころは営業職として働いていたので、経費精算は領収書を経理部に提出するだけで済みました。そして、起業してから税理士にレシートを渡して清算しようとしたら、「会社のお金ですけど、いいですか？」と言われました。最初は何を言われているのか理解できませんでした。そこで初めて、当たり前だと思っていた「領収書を渡せばお金は返ってくる」ことが、会社の仕組みや経理部の人の仕事によって実現されていたと気づいたのです。自分の会社なのにお金の管理方法すらわからなかった、今では恥ずかしい思い出です。

「いきなり起業するのはハードルが高いです」という人には、まずは飲み会の幹事をやるだけでも、様々な発見があります。お店の段取り、欠席者が出た時の対応、参加者への案内に加え、当日は幹事の自分が欠席しないよう、体調にも気を配らなければなりません。大変なことは多いのですが、実際に自分でやることで責任感が生まれ、飲み会の幹事に対する感謝も生まれます。そして、自分の物事に対する捉え方や感覚も見えてきます。そもそも幹事をやるのが好きか嫌いか、その理由は何か、あるいはキャンセル連絡が来たら腹が立つタイプなのか、逆に心配になるタイプなのかなど、自己発見にもつながります。

自立したマインドのＪＡＭが成功の鍵を握っています。世の中は自分でやらないと気づかないことばかりです。経験が自分を成長させてくれるので、まずは飲み会の幹事など、身近にある小さなことから積極的にトライしてみて下さいね。

4－3❖陰で支えてくれた人に感謝できるか？が分かれ目

普段の生活は、誰かが陰で支えてくれるから成り立っています。そこに気づいて感謝できるようになると、人間関係のコミュニケーションホットラインを築けるようになります。すると、周囲の応援やサポートが入り、理想の人生に近づけるのです。

普段から周りの人に興味を持って感謝できる人は、常に新しい視点を得られるので成長できます。また、感謝されて喜ばない人はいません。感謝することで、相手との人間関係が太く熱くなります。

例えば、毎月25日の給与振込は、自分が1つ1つ作業したらとても大変です。経験者ではない限り、1千人の給料を1日で振り込むことはできないでしょう。さらに、僕が以前働いていた会社では、精算したら1週間ほどで支払ってくれていました。実は、これは本当にすごいことです。会社経営をしている今の自分なら、「月末にして欲しい」と思ってしまいます。

このように、当たり前に思っていた〝すごい事〟に気づき、感謝できる事はとても重要です。「毎月25日に給料が振り込まれる事は本当にありがたいよね」という言葉に、「それ、普通じゃないですか」と言う人は、残念ながら次のステージに行けません。少なくとも経営者なら、そのような発言はしないと思います。

僕が支えてくれる人への感謝を大切にしているのは、前職での反省からです。僕が勤めていたのは、営業が花形の部署である不動産大手企業。みんな営業を志して入社するのですが、成績が振るわないと総務や経理などのバックヤードに回されていました。そのような会社の風潮もあって、当時の僕は、「営業が一軍、バックヤードは二軍」だと勘違いしていたのです。

しかし、自分が経営者になってから、バックヤードのありがたみを痛感しました。そして、営業の仕事をしたかったのに、バックヤードに行かざるを得なかった人たちの気持ちが分かるようになりました。当時の僕がバックヤードで働く人たちに感謝し、もっと寄り添えていれば、会社の風潮に負けず、より良い体制を築くためのアイデアが生まれたかもしれません。この経験を自分が経営する会社に活かし、常に支えてくれる人たちへの感謝を忘れないように心がけています。

また、僕の尊敬する松下幸之助や本田宗一郎は、工場で働く人たちに感謝を伝えた経営者です。松下幸之助は、自分の著書に〝衆知を集める〟という言葉を遺していま す。これは彼が現場によく足を運び、質問しながら話を聞き、アイデアをもらっていた経験から生まれたと言われています。そのアイデアが当時の斬新なヒット商品につながり、彼はヒット後にも現場の人に感謝を伝えていました。一流の人ほど「当然」として切り捨てず、支えてくれる人に感謝をしている好例でしょう。

「類は友を呼ぶ」と言われますが、よほど意識しない限り、周りに自分に似た人が集まります。しかし、陰で支えてくれる人に感謝することで、新しい興味が生まれて自分の視点が広がります。そして、相手が喜んでくれたら、良い関係が築けます。このように、コミュニケーションホットラインを育てると、より自由な人生への道が開けるのです。

4-4❖感謝を行動で表す人には次のチャンスがやってくる

単に感謝を伝えるだけで終わらせるか、実際に行動で示すかで、相手に与える印象は大きく異なります。自分にとってのキーパーソンを見極め、「どう感謝を示せばより良い関係性に発展できるか？」を考えて実行すれば、チャンスが向こうからやってきます。

注意したい点は、自分の感謝に対応してもらうことは、相手にとって時間や労力のムダになり得るということです。たとえば、お礼のメールを読むだけで、相手の2、3秒を消費させていることになります。だからこそ、わざわざそのコストを割くのに見合うような配慮をするだけでも、相手に「この人は他と違うな」と覚えてもらえます。

僕は、感謝を行動で表す方法を「感謝の5段階」に分けています。人は相手に合わせて、5つの方法で感謝を行動で示しています。

レベル1：会った翌日にお礼のメールやメッセージを送る。

レベル2：レベル1に加えて、何が記憶に残ったか、どう感銘を受けたかなど、自分の感想を添える。
レベル3：会った翌日に電話して直接お礼を伝える。
レベル4：会った翌日に、お礼を伝えに直接会いに行く。
レベル5：レベル4に加えて、相手の好物などを手土産に持参する。

僕が不動産販売でトップセールスを達成できたのは、医療関係などのお客様がよくしてくれたからです。僕のような若造にもわざわざ時間を取って下さり、食事に誘ってくれました。だから僕は、現在でも最大限の感謝を行動で伝えています。たとえば、食事に行って他の参加者は1次会で帰っても、お客様が「行きたい」と言えば、2次会、3次会に参加しています。人が行かないところまで参加することで、自分はその人の不動産分野での右腕になれます。最終的にそのお客様は、大きな商業ビルを購入してくれました。

感謝を行動で示す方法は、他にもあります。たとえば、お客様に食事に誘われた時も、ただご馳走になるだけではなく、「2軒目は自分が払う」「帰りのタクシー代は自分が先に払っておく」など、気を配っています。すると、相手も「そこまでしなくてもいいのに！」と恩を感じてくれます。そして、仕事の話に発展したり、知り合いを紹介してくれたりと次の展開につながります。逆に、こちらがどれだけ行動を示してもリアクションがない場合、その人との関係はこれからも進展しないかもしれません。

感謝は、人脈を育てるために必要不可欠な行動です。「感謝の5段階」で説明したように、行動で示すと相手の記憶に良い印象を与えられます。個人的には、相手とコミュニケーションのキャッチボールができない人は、いずれ淘汰されると感じています。アーティスト、開発者、スポーツ選手のように突出した才能や技術があるなら別ですが、お金を稼ぐには、感謝の縁でコツコツ人脈を築いてチャンスを掴むしかありません。逆に、相手に大きな感謝を示す人には、大きなチャンスが舞い込んで来るでしょう。

4-5❖「なんで教えてもらえないの?」と思う20代、「なんで教えなきゃいけないの?」と思う40代

誰かに何かを教えることには、大きな時間と労力がかかります。教える人は、ある

意味命を削って対応しているのです。そこに感謝できずに、「教えてもらって当たり前だ」と思っている人は、なかなか独立することは難しいかもしれません。それだけでなく、理想の人生から遠ざかってしまうでしょう。

特に20代の新卒世代は、学校で教えられた事だけをする傾向があると感じます。しかし、社会に出ると、学校で教えられた事だけでは通用しません。それに対して、40代以上の上司世代はパワハラが当たり前で、「先輩の仕事を見て盗む」のが常識でした。そうした環境下で、20年かけて蓄積した経験や失敗から得たノウハウを教えるのには抵抗があるのも無理はありません。そのため、20代・30代の若い世代は、自分は相手にとって教える価値のある人材だと、折に触れて示すことが大切です。教える側に感謝や学びの姿勢が伝わり、「教えていて気持ちが良い」「この人に教えて良かったな」と思われると、さらに応援して教えてもらえます。

僕も現在では、教えを乞われる側の立場になりました。時々、「前田さん、他の人には会って色々教えているのに俺には会ってくれない」と言われる事もあります。僕も先輩たちから多くを教わってきたので、恩返しや社会貢献の気持ちを込めて、なるべく会うようにしていますが、それでも全てのリクエストに応える時間は作れません。

そのため、本当に申し訳ないのですが、会う・会わないというカテゴリー分けをしています。僕の基準は、「相手が自分に興味を持ってくれているか」と「自分の成長につながるかどうか」の2つです。たとえば、僕のインスタを見て「カンボジアに行かれたんですね」と詳しく活動をチェックしてくれる方だったら、「興味を持って接してくれている」と嬉しくなります。そして、自然と相手に興味が湧いてきます。一方で、「有名な人だから会ってみたい」といった態度が垣間見えるときは断るようにしています。

逆に、「僕が教えを乞う立場だとしたら…」ということも考えています。たとえば、ビル・ゲイツやユニクロの柳井社長が僕に会ってくれるかと考えれば、それ相応の意味がない限り実現しないでしょう。これは極端な例ですが、会社の先輩にしても、お客様にしても、根本は一緒です。せっかく会って、時間を割くのであれば、それに見合う意味が欲しいと感じるのは人間として当然の感情です。仕事につながるといった目に見えるメリットの他にも、「一緒に楽しく会話する」「興味や敬意を持って接する」など、相手に意味をつける方法は様々あります。それを考えて実践することが大事になります。

貢献マインドを持っている人は、若くても年上の人に可愛がられています。独立して社長になったら、経営手法などは勝手に教えてくれません。そのため、何事にも感性を研ぎ澄まし、自ら道を切り開いていく意識が大切です。だからこそ、会社員の時から教えを待つのではなく、自分主体で学びに行きましょう。そして、教えてくれる人に敬意と感謝を持って接すると、相手も貴重なノウハウも教えてくれるようになります。

4-6❖「MAM」から卒業し、人生の甘い「JAM」を手に入れよう

早いタイミングで、「もらって当たり前マインド（MAM）」から「自分でやって当たり前マインド（JAM）」に切り替える事が出来たら、理想の人生に近づけるでしょう。

なぜなら、JAMで生きると自分の視点が変わり、周りの人に興味が生まれるからです。そこから関わり合って、時には何かを教えてもらい、感謝を伝えるサイクルを繰り返していくと、コミュニケーションホットラインがどんどん成長します。その中でより深い話を聴け、ご縁が広がることで、理想の人生を叶えるために必要なヒント

を掴めるようになります。

ある時、僕はプロ野球の年間シートを購入し、「インスタで『前田さんからもらいました』と投稿してくれたら、年間シートをプレゼントします」と募集しました。軽い気持ちだったのですが、そのときの反応は、ＭＡＭの人とＪＡＭの人に見事に分かれたのです。

ＭＡＭの人は、「取りに行けないので、持って来てもらえますか？」「送ってもらえませんか？」と、お礼もなく一方的にメッセージが送ってきました。中には、プレゼントを受け取る条件であるインスタ投稿をしない人もいました。

一方、ＪＡＭの人はわざわざ会社まで取りに来てくれたり、チケット代より高い菓子折りを送ってくれたりする人もいました。また、「不動産関係で困っている人がいるから」と仕事につながる人脈を紹介してくれた人もいたのです。

考えてみると、ＭＡＭの人は、僕が「どうしてプレゼントするのか？」という視点に欠けています。それに対して、ＪＡＭの人は、僕の気持ちを汲み取った上で、行動で感謝を示してくれました。この例だけでも、相手目線で考えたらＭＡＭの人とＪＡＭの人、「どちらと付き合いを続けたいか？」がわかると思います。僕にとってリトマス紙のような体験でした。

このように、ＪＡＭで生きる人は、相手の立場を考えて行動を起こせる人です。ＪＡＭの人は、関わりの薄かった人でも、相手の想いや考えを引き出せるようになります。すると、自分の取れる選択肢が増えていき、さらに多くの人と良好な関係を築けるようになります。起業するには、仲間のサポートがどうしても必要になってきます。そのため、こうした信頼関係の構築は必須と言えるでしょう。

また、ＪＡＭで生きることは、「自分が相手に何を与えられるか？」という市場価値と向き合うことでもあります。つまり、自分の価値を突き詰めると、ビジネスの市場価値も見えてくるのです。「自分にはメリットや価値がありません…」と落ち込む必要はありません。これからどうやって価値を生み出すかを考えて行動することもＪＡＭ的な生き方です。

自立したＪＡＭで生きれば生きるほど、自分と周りの人との間に価値と感謝の関係が育まれます。ＭＡＭを卒業し、ＪＡＭで自ら行動することで、人生がどんどん好転していくことを実感できるでしょう。

第5章 相手に華をもたせるコミュニケーション術

（人間関係を良好にするコミュニケーション術）

5-1❖人間関係の極意は「自分が主役にならずに目立つこと」

今の時代、SNSで発信することは日常茶飯事になっています。インスタグラムのフォロワーが1万人を超えるとインフルエンサーと言われますが、そのような人ですら何千人もいます。つまり、発信するだけでは目立ちにくくなっているのも事実です。「受け取る側としてどう振舞うか?」という視点が、周りと差別化するためには大切です。発信も大事ですが、実は受け取り方にオリジナリティを持たせることで、簡単に人に覚えてもらえるのです。

誰にでも「人に認めてもらいたい」という承認欲求は少なからずあります。多くの人が承認欲求を満たしたいから発信しています。つまり、相手の承認欲求を満たしてあげる反応をすれば、「この人いつも嬉しいコメントするな」と印象に残ります。さらに、ただ単純な反応をするだけでなく、相手の発信を踏まえた上で、「自分のことをちゃんと見てくれている」と伝わるようなアクションが大切です。

たとえば僕は、毎朝のトレーニングをたまにSNSで投稿します。そのとき、単に「すごいですね」とコメントされるより、「毎朝すごいですね」と言われたほうがしっかり見てくれていると感じます。要するに、相手が「見せたい」と思っている部分に触れてあげることで、相手の記憶に残るのです。

また、Facebookでも、いいねボタンを押すときも、あえて長押しして「超いいねボタン」を押すようにしています。すると、いいねボタンの人よりも目立って表示されるので、「わざわざ長押ししてくれたんだな」と相手は好感を持てると考えています。

さらに、相手のことを知った上で反応する意識を持つと、好き嫌いなどの価値観もわかります。すると、直接会ったときに、相手の好きな手土産を用意できるので、より関係を深めることができるでしょう。

今はSNSで投稿することが当たり前の時代です。それだけに、流し読みしている人も多いと思います。その中で、「独立して自由な人生を送りたい」「自分のビジネスをしたい」という人は、単に情報を発信するだけでなく、受け取り方を工夫すると効果的です。この工夫は、リアルな人間関係でも大いに役に立ちますし、「自分が、自分が」と前に出るだけでは得られなかった人間関係を築けます。

5－2❖100人いたら100通りのタイプがいることを知る

人の個性は千差万別で、人によって価値観も大きく異なります。相手の価値観を的確に知ることで、相手とより深い関係を築くことができます。

自分と相手の価値観が一致していないと、ミスコミュニケーションが起こりがちです。そこで、「コミュニケーションが上手く取れないかも…」という不安を無くし、より良い人間関係を築くために、相手の価値観を理解する必要があります。

僕はよく相手と会う前にSNS投稿をチェックするようにしており、相手の方が「誰といるか」「何を食べているか」「どこにいるのか」に着目しています。この3つを軸にすると、相手が何に重きを置くのかが理解でき、それを踏まえたコミュニケーションが取れるからです。たとえば、お金持ちなのに新橋で飲んでいる投稿が多い人には、「本当に新橋が好きなんですね」「安くていい店多いですよね、今度行きましょうよ！」と、あえて新橋にフォーカスを当てたコメントをつけています。

また、そういう僕も自分にとって珍しい体験をしたら、承認欲求が働いてSNSで投稿してしまいます。例えば、タイに行って仕事・観光・テニスの試合出場をした時、インスタグラムで投稿しました。このときに、「前田さんまた海外行かれたんですね！」「海外試合ってすごい！」「忙しい中で観光できるなんて本当羨ましいです。私もそうなれるように頑張ります！」と承認欲求を満たしてくれるコメントが来るとやっぱり嬉しいですし、相手に好印象が残ります。

逆に、相手の気持ちを無視したコメントをすると、悪印象を持たれる可能性もあるので要注意です。僕も、何気なくSNSに出した投稿に「政治的な主張だ」と一方的に決めつけたコメントがついて、怖くなったことがあります。

相手が何を大切にし、どういう価値観で生きているかを知った上で接することは、相手を尊重することです。相手を尊重したコミュニケーションが出来る人は、相手からも大切にされ、お互い良好な人間関係を作れます。相手の価値観を理解したコミュニケーションは、お客様の価値観を知ることにつながり、起業する上でも大いに役立つのです。

5-3❖「なぜお金持ちなのに軽自動車に乗っているの?」と相手に興味をもとう

相手が大切にしている価値観やパターンがわかったら、それを更に深掘りしていきます。大切にしている理由をさらに深く理解することで、相手への敬意が深まります。コミュニケーションも密になり、自分自身の学びになるメリットもあります。

一度きりの人生なので、読者の皆さんには自由な時間とお金を持ってもらえたらと思っています。そのために意識してほしいことは、「与えられた時間は誰でも平等に24時間しかない」ということです。時間とお金の使い方にその人の本質が現れます。そこにフォーカスすると、より深い話を本人から聞くことができます。

お金持ちの人でも、軽自動車に乗り、服装を気にしない人もいます。スティーブ・ジョブズは同じ黒いタートルネックを10着持っていて、毎日着ていた話は有名です。その理由は、服を選ぶ時間や1日の中で決断する回数を減らし、クリエイティブな時間を充実させるためです。これだけ聞くと「変わっていますね」で終わっていたかもしれませんが、「ジョブズはいつも同じ服を着ている」と気づいた人が「なぜ?」と質問したからこそ、この逸話が残っています。このことは、「自分も同じように、より充実した時間の使い方をできないか？」と考えるヒントになります。

また、自分の理想の人生を実現できている人が、大切にしている価値観を深く知ることは、自分の価値観を見つめる事にもつながります。たとえば、同じお金を持っている人でも、「みんなと楽しく飲みたい」「健康が大事だから自転車でいい」「夜11時に寝るために仕事している」と価値観と行動はバラバラです。目指したい人と同じ行動をとってみると、新しい視点や気づきがあると思います。

逆に、自分が絶対になりたくない人についても事前に深掘りして考えておくことも大切です。まずは相手に興味を抱き、質問して、その人の本質を見抜くと良いでしょう。僕の場合は、家庭をまったく顧みない人は自分の目指す人ではないので、その人の行動や所作を真似ることはありません。合わない人と付き合ってしまうと、無理して飲み会に出て身体を壊す、といったことが起こります。そうならないためにも、さまざまな価値観を知り、「自分なら誰と付き合っていくか？」を考えておくのです。

「なぜお金持ちなのに軽自動車に乗っているんだろう？」などと、相手に対して深く掘り下げて考えて見てください。相手とさらに良いコミュニケーションを取るきっかけになり、自分の学びにもなります。また、その上で大事な人に時間とお金を使い、自分の目指す方向性と違う人からは距離を置くという選択も大切だと考えています。

5-4❖自分だけの人脈マップを頭の中に作ろう

自分の持っている人脈を一度カテゴリー分けすることで、特に大切にしたい人、感謝し合って付き合いたい人の優先順位が見えてきます。

1日24時間は誰もが平等であり有限です。起きている間に働けるのは、せいぜい10時間ほどでしょう。その中で、誰と一緒に過ごすかを決めておけば、人生や行動に迷いがなくなります。

僕自身、20代の頃と比べたら自分だけで自由に使える時間が減ってきています。子どもも大きくなって、より教育にも時間を割きたいと思ったときに、気軽に友人知人とご飯を食べに行くのも難しいと感じています。

そこで、時間を効率的に使うためにも、人脈マップを作ることをおすすめしています。人脈マップのカテゴリー分けは、たとえば、「仕事上の付き合い」「学生時代の友人」「趣味関係」など、自分にとってわかりやすい分け方で構いません。一度整理すると、自分が勉強させてもらえる人、辛いときに顔を見たい人、仕事上で互いにシナジーを生み出せる人など、特に優先すべき人脈がハッキリしてきます。また、「どこに行けば優先したい人脈に出逢えるか？」という事も一目瞭然でわかります。

ちなみに、僕の場合は、自分や仕事のことを応援して宣伝してくれる「スピーカー」を1番大切にしています。その中でも、仕事に繋がる人と繋がらない人でグループ分けしています。

年収が高ければ高いほど、決断スピードが早く、年収1億円の人は「秒」で決めると言われています。「皆と仲良くはできない」と言うと残酷に聞こえるかもしれませんが、時間は有限で貴重だからこそ、特に大切にしたい相手と多くの時間を共有することが大切です。その見極めをするために、普段から自分の人脈マップを作っておくと、迷いがなくなるでしょう。

5-5❖LINEの返信は自分で終わろう

みなさんは普段どのようにLINEを使っていますか？　仕事でLINEを使わない方はメールやチャットのやりとりを思い浮かべて下さい。僕は1日300件以上も仕事のLINEをしていますが、すべての返信は自分で終わるようにしています。これはメールでも同じですが、理由は相手への気遣いや丁寧さが伝わるからです。

常日頃から会社のスタッフにも伝えていますが、こういった細かい気遣いを徹底するようにしています。気遣いは直接お金にはなりませんが、連絡のスピード、業界の知識、謙虚さや元気さなどの人柄が売り物だと教えています。

「元気が売り物？」と疑問に思う人がいるかもしれません。しかし、考えてみてください。仮に、唐揚げを売っているお店が隣に2つ並んでいたとしたら、元気のある店員さんがいるお店で買うと思います。また、落ち込んでいる時も、元気が大切だと感じると思います。このように、実は、個人の性格の問題に見えて、「見えない自分」という商品を売っているのです。

こういった気遣いの中でも、特にLINEを早く返信することに関して、僕は極めているとと自負しています。スピードはホスピタリティであり、スピードと知識の深さは売り物だと考えているからです。ＬＩＮＥの返信を早くするのに、特別な才能は必要ありません。「返信を早くしよう」という意識で行動するかどうかです。

せっかくなので、多くのレパートリーの中から、僕のＬＩＮＥテクニックをいくつか披露します。

まず、ユーザー辞書を使ってメッセージのスピードを上げています。たとえば、「ま↓前田誠治」「よ↓よろしくお願いいたします」「れ↓連絡先は０９０－×××－△△△△」というように、ひらがな一文字を入力したらよく使う単語にすぐに変換できるように設定しています。

次に、知識をつけて返信スピードを上げるようにしています。わからないことを考えても答えは出ないし、無駄な時間がかかります。わからないことはその場ですぐに調べて理解するようにします。そうすると、判断ができるためすぐに返信できるのです。

さらに、仕事ができる人は、そのとき返答ができない場合でも「来週月曜日の午前9時までに回答します」など、正確な期限とともに即レスします。このとき、言葉を明確にすることが大事です。たとえば、「月末に回答します」と曖昧な単語を使うと、月末の捉え方が人によって違うので、すれ違いの原因になります。月末というと、31日かもしれないし、休日を除いた最終営業日かもしれないからです。

そして、相手の返信しやすさを考えることも大事です。LINEの返信は「ミラー法」を使い、お客様の文体の雰囲気に合わせて使う絵文字などを変えています。相手の返信が「。」で終わる方なら、自分の文体も「。」で終わらせます。絵文字で返信が終わる方なら、ビジネスシーンで許される範囲の絵文字で終わります。相手と自分の文体の雰囲気が違うと、相手も返信をくださるときに一瞬詰まってしまいます。このように、相手の不要な時間を避けるために「ミラー法」を使っています。

LINEの問い合わせでも、QA問答も多すぎるとお互い時間がかかって返しづらくなります。そのため、会話の中でテンポ良く違和感なく短く返信します。これも相手の時間を奪わず、お互いに早いスピードでやり取りするコツです。ついLINEの返信が遅くなってしまう方は、ぜひ一度試してみてください。

5-6❖人間関係で必要なことはすべてテニス部で教わった

自分でビジネスをする場合、「下手《したて》に出る」ことは大切だと感じています。そして、それを教えてくれたのは大学時代のテニス部の経験でした。

現在では、昭和の体育会系のノリはバッシングを受けがちですし、表向きには減ってきています。しかし、人と同じことをしていても頭角を現すことはできません。もちろん、パワハラ・アルハラなどは言語道断ですが、相手を立てつつも一歩先を読んで喜んでもらうための手を打つ。そのための習慣を身につけられたという点で、テニス部での経験はとても今でも役に立っています。ここでは、その一部を紹介しましょう。

僕が入ったテニス部では、1年生は練習の1時間前に来て、掃除や準備をする必要がありました。コートにネットを上げたり、周りのマンションの住人から時々捨てられるゴミを片づけたり、先輩たちが座る椅子を拭いたり、練習のときに飲む水を用意したり、練習が始まる前までに段取りよく準備しなければなりません。とても大変でしたが、「1つずつどういう意味があるのか?」「どうやったら先輩やみんなが心地よく練習できるか？」を考えながら準備していました。

このテニス部時代の経験が、今のビジネスでも大いに活きています。たとえば、目上の方たちと食事をするときは誰よりも早く店に来て、荷物だけ先に置かせてもらい、他の参加者の到着を外で待ちます。これから来る人のために、メッセージでお店の周辺の動画を撮影して送ります。僕は料理や飲み物を配りやすいように下座に座り、目上の方を上座に案内します。ここまですると、参加者から非常に喜んでもらえるのです。

経営者交流会やビジネス関係の食事会では、「誰かから仕事が欲しい」「経験やアイデアを学びたい」と多くの人は考えています。やはり、他の参加者と同じ時間に来て普通に喋るだけでは、なかなか実を結びません。逆に、自分から率先して気を回して相手の印象に残れば、話が通りやすくなります。「何かを得るなら、まず先にこちらから差し出す」という精神でやると、たいていの事は上手く行くのです。

また、テニスの試合の経験も、お客様からの相談を受けたときに活きています。テニスは相手の打ったボールに対して、こちらの打ち方を変えますが、同じようにビジネスでも、お客様の相談内容や性格によって、打ち返す答えを変える必要があります。

どちらも土壇場でどうにかなるものではなく、普段から準備しておくことが必要です。試合に勝つために、筋トレや走り込みをするのと同じように、ビジネスの場で話が弾むように、普段から新聞やネットニュースで経済ネタなどを仕入れています。

時代遅れと言われる体育会系の精神ですが、人間関係で重要なエッセンスも含まれていると考えています。実践する人が少なくなった今こそ、取り入れることで周りから重宝される人になるでしょう。

5‐7❖お金がなくても元気な「ありがとう！」を贈ろう

「相手が好きなものを手土産に持っていくといいよ」と言うと、「お金がないから…」と気後れする人もいます。しかし、大切なことは、「相手に返したい」という気持ちです。もしお金がないなら、「ありがとうございます、出世して返します！」と元気よく言えば、相手にも十分気持ちが伝わります。

お金を使って何かを用意することは、あくまで手段の一つに過ぎません。「元気よく挨拶する」ことは、相手にエネルギーをプレゼントする事です。このように、手持ちの手段の中で、相手に対して感謝の気持ちを最大限返していけばいいのです。それだけで、相手の印象に残ります。

ではどのくらい元気よく挨拶すればいいのでしょうか？　僕はもう自分が恥ずかしいと思うくらいの大声で「ありがとうございます！」と言うことを心がけています。たとえば、夜の銀座でお客様と食事をして店を出た瞬間、周りに聞こえるくらいの大声でお客様にお礼を言ったこともあります。夜10時でお店の移動で多くの人が外にいたタイミングでしたが、あえて自分がスピーカーとなって「この人、素敵な人なんです！」と伝える気持ちでやっていました。

これは極端な例かもしれませんが、まずは日ごろから「ありがとう」と元気よく伝えていると習慣になり、自然と周りの人に感謝できるようになります。

もちろん、経済的に余裕があれば、お金を使ってさらに良い感謝の表現を模索するといいでしょう。僕が直近で印象に残っているのは、「お世話になっているお礼に」とブドウをお土産にもらった時のことです。そのブドウが美味しかったのはもちろんですが、それが、Aさんがお世話になっているブドウ農家Bさんのところで採れたもので、Bさんは熱い情熱を持って家業を継いでブドウを育てていると伺いました。

その話を聞いた僕は、子どもを連れて家族でBさんのブドウ農家を訪れ、Bさんとの会話とブドウ狩りを楽しみました。このように、感謝を伝えると新しいつながりを生み出すこともあります。このような感謝の伝え方は、受け取った側の心に深く残りますし、良い人間関係を築いてくれます。

相手に感謝を伝えるときに、お金の有無は関係ありません。自分が持っている手段で最大限に感謝を伝えられる方法を考えて実行すれば、良好な関係が自然とできるようになるはずです。ぜひ、試してみてくださいね。

第6章

好きなことでお金を稼ぐために知っておきたいこと

（お金・ビジネスの基礎知識）

6-1❖収入の種類とは？　労働所得と不労所得の違い

本章では、好きなことで起業して稼ぐための基礎知識をお伝えします。まず、収入には大きく分けると2種類あります。それは、自分で働いて得る労働所得と、自分が働かずに得る不労所得です。

働かないで入って来る収入と聞くと、「ずるい」と感じる方もいるかもしれません。ここで、一つ問いを投げたいと思います。

「一生今と同じように稼げると思っていますか？」

これは僕が20代半ばの会社員の頃、不動産売買を担当した動物病院の先生に、実際に言われた質問でした。先生は、こんなふうに続けました。

「ずっと今と同じ稼ぎ方はできない。自分が働かなくてもお金が入る仕組みを持ちなさい」

当時、僕はバリバリ働く不動産セールスマンで、年収は2千万円ありました。同じ生活をいつまでも続けられる自信もあり、始めは先生の言葉にあまりピンときていませんでした。

ただ、心のどこかにひっかかるものもありました。実は先生を担当する前、僕は交通事故に遭い、首の骨を折って3カ月入院していたのですが、入院中は一切の収入が途絶えました。慰謝料で1千万円は入ってきたものの、その間お客様に会えず営業できなかった機会損失を換算すると、とても十分な金額ではありません。

だから、「入院から復帰した後は元の水準まで稼ぐぞ!」と意気込んでいました。そのような時に、先生から冒頭の発言を言われたわけです。お客様から頂いたアドバイスを無視することはできないのと、「本当かもしれない…」という想いもありました。そこで、素直に賃貸物件を購入することにしました。この物件が僕に、不労所得のすごさを教えてくれたのです。

まず、賃貸物件を持っていると、それだけで月々の家賃が振り込まれます。ほとんど何もしていないのに、毎月給料以外のお金が入ってきます。あらためて銀行通帳を見たとき、「先生が言っていたのはこれだったのか!」と感動しました。

人間、どのような理由でいつ働けなくなるかは分かりません。僕のように事故に遭う、家庭環境が急変する、会社が倒産する、そうしたアクシデントは誰にでも起こり得ることです。もしもの時、自分が働かなくても稼いでくれる資産があれば、なんとも心強いです。それこそが、まさに不労所得と言われる所以なのです。

さらに、自分で働かずにお金を得る仕組みを極めていけば、自分のビジネスとして進化させることも可能になります。

不労所得や自分のビジネスを持っていれば、自分の望む理想の人生に大きく近づくことができます。本章では、そのために必要な考え方やマインドをお伝えしますので、楽しみながら読んで下さいね。

6-2❖お金を稼ぐ人は「自働」ではなく「他動」を大事にする

僕の周りの稼いでいる経営者たちは、周りに動いてもらう「他動」を意識しています。会社員だと、自分が働いて稼ぐことが当たり前だと思います。もちろん、業務に限らず、様々なことに自分から働きかけることは非常に大切です。その中で、会社に頼らず稼ぐための種が見つかってくる事もあります。

しかし、稼ぐための種を大きく育てるには、「自働」だけでは限界がやってきます。やはり、自分一人が費やせる時間と労力には限度があるからです。

あるラーメン屋を例に考えてみましょう。店主がこだわりのラーメンを開発して、自分一人で小さな店を始めたとします。ラーメンはヒットし、たくさんのお客様が来るようになりました。そうなると、店主だけでは手が足りません。一人で湯切りをして、会計をして、食器を洗っていては、対応できるお客様の数は限られてしまいます。

この場合、どうすればもっと多くのお客様にラーメンを提供できるでしょうか？答えは簡単です。誰でも店主と同じ味を再現できるレシピを改良し、すべての業務をマニュアル化すればいいのです。すると、人を雇って仕事を任せられるようになります。

そして、店主は自分で働いていた分の時間とエネルギーを使って、新しい仕事に集中できるようになります。更に美味しいレシピを開発したり、店舗を拡大したり、お店の宣伝をしたり、あるいは他の事業を手掛けたり、ビジネスの育成に専念できるのです。

このような仕組みが作れたら、「自働」だった頃よりもお金と時間を不自由なく使えるようになります。だからこそ、好きなことで自由に人生を楽しんでいる人たちは、誰かの力を借りる「他動」を大切にしています。

僕のテニス仲間の一人は、海外で仕入れた化粧品を日本で卸す事業をしていますが、販売はビジネスパートナーに任せています。その分手数料は発生しますが、販売する時間を仕入れに費やすことで、さらに売上を大きく伸ばしています。そして、自分が得意なことに集中し、大好きなテニスを楽しむゆとりも持てるのです。

ただ、ひとつ注意点があります。それは、最初から仕組みを作ろうとしても上手くいかない、ということです。先ほどのラーメンの例で言えば、お客様が食べたくなるメニューの開発は店主自らが頑張らなければなりません。まずは「自働」で稼ぐ力を身につける必要があります。

また、仕組み化して他人の力を借りるときも、無理やり働かせるようなシステムでは定着してもらえません。持続的な経営のためには、進んで動きたくなるような環境づくりが必要です。そして何より、力を貸してくれる人と出会わなければ始まりません。これまでお話したように、コミュニケーションホットラインを築いておくようにしましょう。

「他動」の考え方を理解して、自分の中で腹落ちすると目に見える世界が変わってきます。お金を稼いでいる人は、「他動」の仕組みを持っている人と言い換えることが出来るのです。

6-3❖お金、人脈、チャンス、自己成長に投資しよう

働いて得た給料や、会社の就業後の時間、休日を何に対して使うかで人生が変わってきます。欲しい物を買う、同僚と飲みに行く、友達に会いに行くという人が多いかもしれません。もちろん、それも悪い事ではありませんが、本当に得たい結果があるなら話は別です。結果から逆算して行動しないと、お金と時間を費やしても結局何も手に入らずに終わる可能性が高いからです。

仕事終わりに会社の仲間と飲みに行って愚痴を言い合う人がいます。たしかにその時は気分がスッキリするかもしれません。その時間の代わりに、異業種交流会に参加すれば新しい出会いや発見を得られます。このように、理想の人生に近づく行動を意識して選択することが重要です。

試しに、「憧れている人物と会うにはどうすればいいか？」を考えてみて下さい。今までと同じ行動では、出会えそうに無いと気づくかもしれません。そこで、どこに行

けば憧れの人に会うことができるかを情報収集したり、会った時にどんな話をするかをシミュレーションしたりする必要があります。そして、実際に会った時に恥ずかしくない振舞いをできるよう、普段から気を遣うようにもなります。自分が思いついたことを一つ一つ実行していけば、得たい結果に少しずつ近づき、自分自身も成長していくのです。

僕はサッカーが好きで、日本サッカー界のレジェンドであるラモス瑠偉さんと会ってみたいとずっと思っていました。その結果から逆算した行動を普段から意識し、ラモスさんに会っても恥ずかしくない自分でいようと常に心がけていました。

すると、あるとき知り合いの方が、「大阪の不動産に困ったら前田さんに相談したらいいよ」と、ラモスさんに僕を紹介してくれたのです。

僕は実際にラモスさんとお会いして、テレビと変わらない裏表の無い熱いお人柄に感銘を受けました。ラモスさんは10歳の頃にブラジルから日本に来て以来、日本のサッカー界をずっと大切にしてくれています。また、奥様を亡くされたご経験から、生きることに非常にまっすぐ向き合っているのが伝わってきました。ラモスさんにお会いしたことで、僕自身も大きく成長できた貴重な体験でした。

自分が叶えたい夢は、ただ待つだけでは向こうからやって来てはくれません。夢を手に入れるために、自分の時間・お金・エネルギーを投資しなければならないのです。まずは、今の生活の中で出来そうな範囲から、少しずつ行動に移すことが大切です。コツコツ積み重ねることで、僕のように思いがけない幸運に恵まれることもあります。

6-4❖お金を「払う側」と「受け取る側」、なりたいのはどっち？

世の中の人は、お金という観点で見ると、「払う側」と「受け取る側」の2つに分けることが出来ます。

居酒屋のハッピーアワーや電子マネーのポイント還元、ブラックフライデーを始めとするバーゲンセールなど、世の中にはお得なキャンペーンに溢れています。

ここで、一つ質問です。これらのキャンペーンはお金を「払う側」と「受け取る側」、どちらのほうが得をしているのでしょうか？

一見、払う側が正解のように思えますが、実は受け取る側が得をしています。キャンペーンでは、お得だからと払う側のサイフの紐はつい緩んでしまいます。買わなくていい物まで買ってしまう場合がほとんどでしょう。そうなれば、受け取る側、つまりキャンペーンを仕掛ける側にお金は大きく流れていきます。それこそ、安く売った分余裕で回収できています。その見込みがあるからこそ、キャンペーンを打っているのです。

このように、普通に暮らしていると、知らず知らずのうちにお金を「払う側」に回ることになります。よかったら、その証拠にご自身の預金通帳を見てみてください。お金を受け取るのは月に一度の給与支払いの時だけで、あとは何らかの支払いになっている方がほとんどではないでしょうか？

もし仮に「受け取る」と「払う」が逆転したら、どう思いますか？

お金を「払う側」ではなく「受け取る側」になる機会を、どうすれば増やせるかを考えて実行していけば、お金に不自由しない人生に着実に近づいていきます。

もしかしたら、「簡単に言うけどそんなの無理だよ…」と感じる方もいるかもしれません。でも、まずは支払いの見直しなど、小さなことからで大丈夫です。まずは、ほとんど使ってないサブスクの解除やスマホ代の見直し等からやってみましょう。

その次に、給料以外の受け取る機会を増やす方法を考えてみて下さい。クラウドソーシングを使って副業を始めるのもいいですし、知り合いの店の手伝いでも構いません。賃貸物件を購入して、不労所得にトライするのもいいでしょう。ただし、このあたりはいきなり始めると、落とし穴にハマることが多いのも事実です。手痛い失敗を避けるためにも、ぜひ第8章を熟読してください。

よほど意識をしない限り、払う側に回ることになり、水が蒸発するようにどんどん手元からお金がなくなっていきます。自分の現状を把握しつつ、どうすれば受け取る側に回れるかのアンテナを立てるだけで、生活が大きく変わっていくはずです。

6-5❖遊びに行くから社長になれる！「タピオカの経済学」とは？

「遊びに行くから社長になれる」と聞くと、お金を使えばお金が入ってくるという意味だと思うかもしれませんが、今回はそういう意味ではありません。

これまで述べた通り、時間の使い方が上手い人は短時間でたくさんの情報を吸収しています。それは、仕事だけでなく遊びの時間でも同じです。むしろ、家と会社を往復するだけより、遊びで外出して色々な体験をする時にこそ多くの学びがあります。

たとえば、大流行していたタピオカ屋さんが潰れて減っている事、Uber Eatsから派生した飲食宅配が増えてきている事、中国で人気だったガチャガチャが日本でも流行ってきている事、和風の物件がブームになっている事などです。

このように、社会の変化は街中のいたるところで見つけることができます。遊ぶことで世の中のトレンドを知り、お金を使うことで世の中のお金の流れが理解できるのです。そしてこれこそが、ビジネスのヒントになります。

社長というのは社会に必要なものを提供し、社会の課題を解決できる人です。トレンドや流れに則り、社会が欲しがっているものを出せれば、成功確率は高くなります。

最近では、ライザップグループの打ち出したチョコザップが分かりやすい例でしょう。ライザップが登場した当時、多くの人の健康・美容需要にマッチして、パーソナルトレーナーは大流行しました。けれども、会費が高額だったり、通うモチベーションを維持できなかったりと、人気は次第に下火になっていきます。

しかし、健康や美容に対するニーズが無くなった訳ではありません。そこで発想を転換し、手軽で全国どこでも通えるサブスク型ジムとして登場したのがチョコザップだと、僕は捉えています。その結果、チョコザップは大ヒットし、長らく低迷していたライザップグループの株価も跳ね上がりました。社会のニーズに応えることが成功への近道だとわかる、見本のようなケースです。

僕自身、遊んでいるときでも、サービス提供者として物事を見るようにしています。「なぜあのタピオカ屋は潰れたのか？」「なぜ最近ガチャガチャがたくさん設置されているのか？」など、「なぜ？」の視点を入れることで社会の見方が変わります。

「社長はファーストペンギンであれ」という言葉があります。もちろん、ビジネスは一番に取り組んだ方が有利です。ただ会社の中にずっといても、なかなか新しいヒントを得られません。外に遊びに行くことで、新しいビジネスアイデアが思い浮かびます。そして、ビジネスアイデアを一つ一つ実行していけば、気がつくと社長になっているのです。

6-6❖好きなことを極めると仕事につながる

会社で働いてくれている社員たちに、僕がよくする話があります。それは、「自分はこれが好きだと思ったら、とことん極めること」です。

仕事の業務はもちろん、趣味でも構いません。とにかく好きなことを何か一つでもやり切ると、それが自分のストロングポイントになり、売り物にすらなるのです。僕の場合はセールスでしたし、周りにもそういう人がたくさんいます。

例えば、友人である「女大工のえりのまき」さんも、その一人です。彼女は「大工の仕事をやってみたい！」と思い、中卒で大工の道に飛び込みました。女性の大工は前例も少なく、苦労も多かったと思いますが、彼女は好きだという気持ちを胸に、真剣に仕事に打ち込んでいきました。

すると、「丁寧できめ細やかに設計してくれる」と評判になり、お客様から強く支持されるようになりました。また、Instagramで大工の仕事について発信するようになると注目が集まり、今ではフォロワーが一万人を超えるインフルエンサーです。

このように、好きなことを極めると、いつの間にか道が切り開かれていきます。好きなことが複数あって一つに絞れない、という方も多いでしょう。そんな場合は、それらを掛け合わせるとすごい効果を発揮します。

僕の後輩に、医療事務特化型のコンサルとして起業した人がいます。この競合の少ないニッチなジャンルに辿り着けたのは、自分の好きなことを掛け合わせたおかげでした。

彼は元々教育学部出身で、教えることが好きでした。それと同じく、人が楽しく働けるような仕組みを考えるのも好きだったのです。

大学卒業後、彼は医療事務として勤めてから、転職して医療法人向けコンサル会社に入りました。そこで、経営陣と事務がうまく協力できない為に、不幸な職場環境が生まれているのを目の当たりにしたのです。

本来、医療事務は楽しくやりがいのある仕事だと、彼は自身の経験から知っていました。だからこそ、「一人でも多くの人にそう感じてほしい」という想いが、医療事務特化型コンサルという、オリジナルのビジネスを編み出しました。独立してからもクライアントが絶えず、順調に行っているそうです。

自分が好きだと感じることには、必ず意味があります。まずは一つ、やり込んでみてください。それはいつのまにか、理想の人生を手に入れるための強力な武器になってくれるでしょう。

6-7❖「人がやってないことを1番でやる」がビジネスの秘訣

自分のビジネスを持つこと、それは人生を自由に謳歌するための大きな一歩です。ただ、この世は数多くのビジネスで溢れかえっています。既存のビジネスモデルの中で勝負するだけでは、先に始めた人たちにはなかなか敵いません。下手をすれば、骨折り損のくたびれ儲けになる恐れさえあります。

それを回避するための秘訣は、誰もやっていないことを最初にやること、いわゆるファーストペンギンになることです。

とはいえ、まったく新しいことをやる必要はありません。既にあるビジネスモデルの中にも、まだ手のついていない領域というのは必ずあるものです。それを見つけて飛び込めば、チャンスが生まれます。

僕が携わったラーメン店『人類みな麺類』がヒットしたのも、同じ原理です。この名前の由来は、松村社長があるときふと口にした、「人類はみな麺類やな」という言葉でした。当時、ラーメン店といえば堅い感じの店名ばかりでした。そこに現れた人類みな麺類というネーミングは斬新でインパクトがあり、一気に注目されました。

他にも差別化を図ったのは、コンセプトです。人類みな麺類では、「デートで行けるラーメン店」を掲げ、綺麗な店内で美味しいラーメンを食べるという体験を提供することにしました。これは牛丼チェーン店がヒントになっています。牛丼チェーン店は一人客用にレイアウトされていることが多いですが、すき家は4人掛けテーブルがあり、家族連れでも来られるようになっています。当時はすき家のようなラーメン店が少なかったため、そこに狙いをつけたところ、見事に的中しました。

このように、他業種で行われていることを自分の分野に持ち込んでみるだけでも、大きな新規性が期待できます。

未踏の地に踏み込むのはハードルが高いですが、それに見合うだけのリターンもあります。僕は現在、自身の飲食業をマレーシアまで広げるため、既に現地で店を構えている日本人経営者たちに助言をもらっています。彼らは日本からマレーシアに先陣を切ったファーストペンギンで、その知見にはものすごい価値があります。最初に勇気を持って飛び込むからこそ、得られるリターンは計り知れないほど大きなものなのです。

人がやってないことを一番にやる事は、ビジネスを成功させるための鉄則です。しかし、ゼロから創り出す必要はありません。まずはその分野の中で手付かずになっている領域がないか、観察してみることから始めてみましょう。

6-8❖日ハムの「きつねダンス」から学ぶ大ヒットの法則

せっかくビジネスを始めるなら、誰もが成功させたいと考えると思います。本章では、そのための秘訣をお伝えしてきましたが、最後に一番大切なポイントをご紹介します。

それは、いくら優れたビジネスでも、必要とする人に届かなければまったく意味がないということです。つまり、ビジネスはいかにより多くの人に知ってもらうかを常に考えなければなりません。そのためには、「どうすればマクロを巻き込んでいけるか?」という視点が非常に重要になってきます。

大ヒットした日ハムの「きつねダンス」は、とてもいい例です。このダンスが流行ったのには様々な要因がありますが、老若男女というマクロを巻き込むのに成功したのが最も大きかったと僕は考えています。

きつねという動物の親しみやすさ、誰でも真似できる簡単さ、選手を応援したいというファン魂、そうした要素が見事に合致し、多くの人の心を掴みました。また、踊っている人を見て自分もやってみたい、という野球にはあまり興味のない層の関心を惹きつけたことも、ブームを生み出した一因でしょう。

数年前に流行ったＡＫＢ48の『恋するフォーチュンクッキー』も多くの人を巻き込んでヒットした曲です。これも真似しやすいダンスと馴染みやすいメロディで、誰でも簡単に踊ることができました。知り合いが躍っているなら動画を見てみよう、という心理も、流行に一役買っています。

このように、マクロを巻き込むためには、色々な観点からアイデアを出して、掛け合わせていくことが欠かせません。とはいえ、いきなりマクロを巻き込もうとすると大変ですし、なかなかうまくいかないものです。まずは、普段から身近な人を巻き込む練習をやってみましょう。家族や友人、仕事仲間などに対して、「どう働きかければ興味を持ってくれるか？」を考えて、そのアイデアを貯めておくのです。

ビジネスの成否はどれだけ多くの感謝を集めることができるかだ、と言う経営者もいます。しかし、千里の道も一歩からです。最初はコツコツとミクロから始めて経験やアイデアを蓄積し、それらを最終的にマクロへつなげる。その意識こそがビジネスを成功に導き、あなたの理想の人生を実現する土台になってくれることでしょう。

第7章

人生はＲＰＧ！　信頼できる仲間を作ろう

（チーム作り・仲間づくり）

7－1❖自分一人でできることは限られている

理想の人生を送るための行動や習慣についてお伝えしましたが、自分一人でできることには限界があります。本章では、チーム作りに必要な考え方や行動についてお伝えしていきます。

やはり、本当に自由な人生を送るためには、信頼できる仲間やチームの力が必要です。特に、自分のビジネスを始めたい人には不可欠と言ってもいいでしょう。

短期的に見れば、自分で動いたほうが早く、お金もかからずに済みます。誰かに頼むのは気が引けるという人もいるかもしれません。

しかし、ビジネス上の業務は多岐に渡ります。その中には自分の得意な仕事もあれば、当然不得意な仕事もあります。仮にオールマイティにこなせる器用なタイプでも、一日は24時間であり、1人では思うようには進捗しません。だから、誰かに力を借りることを決して恐れないでください。

それに想像してみてください。一日中業務に追われている生活は、本当に自由と言えるでしょうか？

僕の友人で、ECサイトを経営している社長も他力を活用してビジネスを伸ばした一人です。昔の彼は人付き合いが苦手のコミュ障気質で、常にインターネットを見ているようなタイプでした。

しかし、彼はEC運営のやり方を覚え、自分のショップを持つようになりました。そして、ショップの売れ行きが好調になり、一人では運営しきれなくなったのです。そこで彼は、思い切って仲間を集めました。その結果、人付き合いの楽しさに目覚め、現在ではビジネスも軌道に乗っています。

頼れる仲間を持ち、一緒の目標に歩んでいけるチームを持つことは、本当の意味で自由な人生を実現するのに欠かせない要素です。しかも、自分の人生が豊かになるだけではありません。力を貸してくれた仲間やチームにとっても、己の才能を発揮し、成長する機会になります。

僕自身、会社を経営するにあたり、仲間が成長できる環境作りを常に意識しています。今の日本では、どうしても即戦力が求められがちです。しかし、今はまだ十分な能力を持っていない人でも、成長するチャンスがあれば必ず輝けると信じています。誰かの力を借りることは、そうした場を提供することでもあります。人の力を借り、周りを成長させる人が増えていけば、日本もまた勢いを取り戻せるでしょう。

7－2❖仕事はRPG、勇者だけでなく僧侶と魔法使いが必要な理由

信頼できる仲間やチームを作る際に大切なポイントは、多様性を意識することです。わかりやすく、RPGゲームに例えてみましょう。僕はドラゴンクエストが大好きですが、RPGには、魔王を倒す・世界を救うといったゴールがあります。それを達成するために、仲間を集めてパーティを組み、敵と戦っていきます。

集まったメンバーにはそれぞれ、勇者、戦士、魔法使い、僧侶といった役割が与えられています。勇者はリーダーとしてみんなをまとめる、戦士は敵に武器でダメージを与えたり仲間を庇ったりする、魔法使いは武器が効かない敵に魔法でダメージを与える、僧侶は味方のダメージを回復する。目標を達成するためにはどんな役割を持った仲間が必要かを考えてパーティを組まないと、冒険を上手に進めることはできません。

RPGをビジネスにあてはめるなら、勇者はマネジメント、戦士は営業、魔法使いは

商品企画、僧侶は事務に相当します。社長は、全体を見通して指示を出すので、ゲームのプレイヤーだと言えるでしょう。

「戦士が好きだから全員戦士でパーティを組みたい」というアグレッシブな人もいるかもしれません。それももちろん一つの方法ですが、武器が効かない敵もいます。僧侶がいないとダメージの回復が弱くなり、手詰まりになる可能性が高くなるでしょう。

僕の実体験からも、役割の異なるメンバーをバランスよく選び、あらゆる事態に対処できるチームを作ると上手く回ると感じています。僕はバリバリのセールスマンだったので、まさに戦士タイプでした。しかし、起業してプレイヤーになった時、いかに営業以外の業務を理解していなかったかに気づきました。経費精算の一つをとっても、すべて接待費だと思っていたものが、実はもっと詳細に分類する必要があり、上限があることも初めて知ったのです。自分の会社に経理畑出身の仲間が加わってくれてからは、バックヤードは彼らに任せ、有難いことに自分の役割に注力できています。

得意な業務・不得意な業務は人によって異なります。補い合うよう多様性を意識してチームを組めば、お互いの力が相乗効果で発揮され、何馬力にもなっていきます。その中で経験値を積んでレベルアップし、各自がスペシャリストに成長すれば、やがて最強のパーティになるのです。チームを組むときはぜひ、それぞれの個性が発揮できる最強集団を目指してみてください。

7－3❖1人で1億円稼ぐのではなく、10人で10億円稼ぐ時代

1人で1億円稼ぐビジネスと10人で10億円稼ぐビジネスがあります。どちらも、1人当たりの稼げる金額は同じです。「それなら、別に10人も集まる必要ないのでは？」と思う方もいるかもしれません。しかし、10人で10億円稼ぐ場合、お金以外にも様々な恩恵が得られます。

例えば、船で航海に出るとします。1人では小さな船しか操縦できず、必要な作業はすべて自分でやらなければいけません。そうなると行動範囲も制限され、疲れて旅を楽しむ余裕もないでしょう。

一方、10人で船に乗るなら、各メンバーに担当業務を割り振ることができます。得意な人に任せれば効率も上がり、一人ひとりの負担も減るでしょう。人数に見合った大きな船を選べるので、行先や出来ることの選択肢も増えます。

何より素晴らしいことは、得意分野に打ち込める環境にいると、人は目覚ましく成長を遂げることです。レベルアップして奥義を覚えるように、その分野のスペシャリストになるのです。

僕の会社でも、得意なことを任せているうちにすごい進化を遂げた仲間がたくさんいます。中でも驚いたのは、経理部のメンバーです。

会社の不動産部門では、ありがたいことに管理物件を数多くお預かりしているため、お客様から月に数千万円の入金があります。これだけの金額を処理する業務は、並大抵ではありません。しかし、経理部のスタッフたちはその才能を存分に発揮し、難なく捌いてくれています。それどころか、メソッドは次第に洗練され、マニュアル化できる領域にまで辿り着きました。

すると、このマニュアルは同じような処理に苦戦している他社に販売できる商品になります。このように、得意分野を磨き続けると、新しい商品が生まれるなど思いもよらぬチャンスに恵まれると実感しています。

他の部署でも、不動産営業で持参するフライヤーや資料などをハイクオリティで制作してくれたり、1人ひとりが得意なことで日々貢献してくれています。僕は、営業は得意ですが、それ以外のことは本当に苦手でした。しかし、僕の不得意を得意な仲間が助けてくれるおかげで、実現したいことが大きく広がっていると感じています。

仲間と取り組んだ結果は、単純な足し算では終わりません。1人の時には想像しなかった遠くの景色を一緒に見ることができます。掛け算で夢が膨らんでいく感覚を、信頼できる仲間たちとぜひ味わって欲しいと思います。

7-4❖価値観が一致する人と仕事をしよう

では、実際に仲間を選ぶときは何を重視したら良いのでしょうか？　能力や多様性、関係の長さも大切ですが、僕が一番大事にしている事は同じ価値観を持てるかどうかです。

テニスチームを組む場合を考えてみましょう。どんなメンバーを集めるかは、チームの目的で変わります。ウインブルドンを目指すなら、プロ選手が必要です。それも、「厳しい練習をしてでも優勝したい」と打ち込める人でなければ脱落してしまうでしょう。

どのような目的を、どのように達成したいか。根底にある価値観が一致していなければ、せっかくチームを組んでも理想の成果は得られないのです。

ただ、注意点があります。仲間を集めるタイミングは、自分の価値観をある程度固めてからにすべきです。なぜならチームを組むと、団結を揺さぶるような壁が必ず現れるからです。

今でも、会社の仲間とぶつかることはあります。今の目標は、社員が年収1千万円稼げるように体制を整えることです。そのために不動産部門を仲介・買取・民泊事業と拡充し、飲食部門の海外進出も準備しています。ゆくゆくは日本では敵なしの不動産・飲食コンサルティング集団になるつもりで、様々な施策に全力で取り組んでいます。

社員たちからは「そこまでやらなくても…」という声が上がることもあります。そんなときは、僕の価値観を話して納得してもらえるよう心がけています。年収1千万円というのは闇雲に高い数字を掲げているわけではなく、過去と現在の為替の差から換算し、社員がもらって当然のラインだと考えているからです。それに、日本の人口が減っていく現状を踏まえると、僕らのような不動産・飲食業界では海外展開は非常に現実的な選択肢になります。

残念ながら、不動産業界には自社の利益を優先し、お客様の事情を考慮しない契約を優先する会社もあります。僕は絶対にそんなことはしたくありません。自分の家族相手でも胸を張ってできるようなフェアな仕事で売上を伸ばしていきたい。そのためにできることは、すべてやりたいのです。

こう話すと、みんな僕の価値観を理解して、力を貸してくれます。同じ方向を見て歩ける仲間だとわかった上でチームを組んでいるので、時にぶつかっても最終的にはきちんと軌道修正ができるのです。

このように、価値観が一致することはチーム作りの根幹に関わります。始めのうちは、試しに「その人と一緒に海外旅行に行けそうか？」と想像してみてください。単なる遊びのようですが、海外旅行は人の価値観が表れやすい機会です。旅行雑誌の掲載スポットに行くか、地元の穴場を発掘するかなど、一緒にいく人と呼吸が合わないと十分楽しめません。どんな仲間とどんな価値観を共有したいのか、ぜひ自分だけの答えを見つけてください。

7－5❖学生時代の友人は宝！　一生の付き合いになる

仲間とチームを組みビジネスが前進していくと、仕事に夢中になっていきます。しかし、そのような時こそ古い友人との付き合いも大事だと考えています。

大人になってから、特に仕事上で新しくできた人間関係は、どうしても肩書きや実績といった面が重視されます。僕自身も、会社を経営する中で、多くのビジネスパートナーたちと出会ってきました。志に共感して協力関係を結んでくれる方々もいますが、単に年商や事業規模など、見た目の華やかさだけを見て寄ってくるタイプも多いと感じています。また、利害関係も発生するので、１００％の本音で話せる場面も限られます。

こうした状況が続くと、ふと自分自身を見失いそうになります。そのような時、初心に立ち返らせてくれるのが昔からの友人たちです。彼らは、事業を起こしたり、トップセールスマンになったりする以前の学生時代の僕を知っています。だから話していると、昔から変わらない自分や、昔と今で変わった自分を再確認できるのです。

たまに古い友人たちで集まった時、昔の僕について聞いてみます。元気とか、好奇心旺盛とか、能天気とか、時にはちょっといじりの入った返答もあります。しかし、「昔はあんなだったのに、いま立派に頑張ってるよな」と認めてくれる言葉もあり、とても励みになっています。

中には、思い出すのも恥ずかしいエピソードもありますが、それを含めて自分自身です。付き合いの古い友人は、自分の良さも悪さも映し出してくれる鏡のような存在です。忖度なく話し合える相手は、心をスタートラインへと立ち返らせてくれます。新しいアイデアや自分のポジションを検討するときも、こうした友人たちの声に耳を傾けると自分らしさを思い出し、等身大の答えを見つけられるのです。

仲間集めをＲＰＧに例えましたが、昔からの友人はセーブした地点だと言えるでしょう。遠くを目指す冒険であればあるほど、自分のこれまでの経験を保存し、思い出させてくれる居場所はかけがえのない存在になります。

もちろん、新しくできた仲間と一緒に過ごす時間も楽しいものです。しかし、ここまでやってこられたのは、自分が何者でもないときを共有してきた友達がいたからです。昔から繋いできた絆は、何にも替えがたい貴重なものです。ないがしろにせず、ときどき振り返ってお互いに懐かしんだり、思い切って感謝を伝えたりする機会を持ってみてください。そこでまた、人生を大きく前進させるための気力やヒントも得られるでしょう。

7－6❖人と違う事をすると注目され、想いに賛同する人が集まる

どのような仲間を集め、どういうチームを組むかを構想していくと、実際にどうやって集めるのかに悩むこともあると思います。そんな時は、まず自分から進んで人と違う行動をしてみてください。

他では見かけない独自の路線で突き進むと、自分の想いが伝播していきます。それを見て賛同してくれた人が自然に集まってくるようになるのです。

僕の小学校からの友人で、SNS上でも繋がっている女性がいます。現在、彼女は自身のアパレルブランドを持って経営しています。

あるとき、彼女は大阪の北摂地域にある淡路という町に、銭湯だった施設を改造した地ビール工場がある事を知りました。そのユニークさに惹かれ、自分のSNSで発信するなど応援するようになりました。それがきっかけで工場とのコラボの話が持ち

上がり、地ビールブランドのトートバッグを販売することが決まったのです。SNSでその様子を見ていた僕も、素晴らしい地域貢献に刺激を受けました。

このように、他ではない取り組みをしていると注目され、価値観や志を共有できる仲間と出逢うことができるのです。

僕の経営するラーメン店「人類みな麺類」でアートワーク協力をしてくれている水墨画家・井上ひろみさんとタッグを組んだ時もそうでした。井上さんとも同級生だったのですが、その活動がユニークだったので、一緒に仕事することになったのです。

彼女は元々サプリや化粧品の開発に関わるのが夢で、理工学部出身の人でした。大手化粧品メーカーに営業として就職し、夢を叶えていました。実は彼女にはもう一つ好きなことがあり、それが水墨画だったのです。

彼女はインスタで水墨画の作品を発表したところ、瞬く間に支持されるようになり、日本のアートコンテストでファイナリストにも選ばれました。副業が許されている会社だったので、しばらくは二足の草鞋を履いていたのですが、水墨画一本で行くことを決めて現在は独立しています。特に海外に熱心なファンが多く、「人類みな麺類」へも彼女の作品目当てのお客さんがたくさん来てくれます。

人と違うことをやれるのは、そこに強い情熱やこだわりがあるからです。始めは少し恐いかもしれませんが、思い切ってやり続ければ、賛同してくれる仲間と必ず巡り逢えます。本書を参考に、自分が進む独自の道をぜひ切り拓いていって欲しいと思います。

7-7❖直球勝負で人と出会おう！

同じ価値観を共有できる仲間と出逢いたいと思っても、いざそれを口にするとなると緊張したり躊躇したりする方もいるかもしれません。

それでも僕は、勇気を持って本音でお話しする事をお薦めします。人と会うときは直球勝負でないと、周りくどい表現でかえって遠回りになり、時間や労力を無駄にしてしまいます。

これは実体験での失敗から学んだ教訓です。あるとき、学生時代のテニスサークルの同期に、仕事の相談をされた事がありました。彼は恋人と同棲していましたが、2人で生活を続けるには収入が心もとなく、そこに転勤の話が持ち上がりました。彼は

「大阪から出たくない。何か仕事はないか?」と頼ってきたのです。

「それなら稼げる仕事がある」と僕は答えました。丁度、自社専属のクロス職人がほしいところだったのです。不動産業では壁にクロスを張る作業が不可欠なのですが、外注費が毎月ネックでした。同期の彼が職人になってくれたら外注分を給与に回せるので、お互いウィンウィンになれる。そう考えて、彼の意向に沿って、クロス職人の親方に修行の段取りをお願いし、話を進めていきました。ところが彼は、最終的には「先行きが不安なので専門職は遠慮したい」と辞退したのです。

このとき、僕は「最初からもっと直球で話をしておけばよかった」と後悔しました。単に稼げる仕事だからというだけでなく、なぜ職人を必要としているか、一緒に働いて何を成し遂げていきたいのか、僕がしっかり説明するべきでした。そうすれば彼も、もっと早くに断ってくれたでしょう。その時間で僕も別の人を探せたし、親方にも迷惑をかけずに済んだはずです。

だから今では、人と会うときは必ず自分の価値観を相手にもはっきり伝えています。それがお互いにとって、一番早くウィンウィンになる方法だと考えています。

桃太郎の昔話では、仲間を集める時にキビ団子を渡し、鬼退治に向かいます。でも悲しいことに現実では、キビ団子だけを鬼退治の動機にして仲間を集めると、本番で「考えていたのと違った」「一個じゃ割に合わない」と離れて行ってしまう人がいます。キビ団子を渡すなら、「村に悪さをする鬼を退治したい」という目的を相手に伝え、最後まで一緒に行動できる仲間を探すことが大切です。

目的に共感できる仲間を見つけるためにも、人と出逢ったらまず腹を割って直球で話しましょう。これを続けていくうちに、必ず同じ方向を見て歩める仲間と出逢うことができます。そして、出逢えるスピードもどんどん加速していくので、仲間も一気に増えて、成功が近づきます。直球勝負ができるようになれば、人も夢も引き寄せられるのです。

第8章　自由なライフスタイルへの道に潜む罠

（落とし穴・NGアクション）

8-1❖自分の描いたシミュレーション通りにはいくとは限らない

7章まで読んで、自由なライフスタイルを実現したいと思う方もいるでしょう。本章では自由なライフスタイルに至るまでの落とし穴について触れておきます。失敗をゼロにはできませんが、注意せずに突っ走ると勢いよく落ちて大けがするからです。

僕が25歳で初めて不動産を購入したときのことです。家賃収入からのローン返済を想定して賃貸物件を買ったのですが、所有して初めて実際にかかる費用が他にもある事に気づきました。固定資産税や修繕費などを想定していなかったのです。不動産運用にかかる費用については、僕も営業マンとしてお客様に説明していたのですが、自分が買う側になって本当の意味で理解しました。収入が減るリスクについても、初めて実感しました。元々の収支がギリギリだったこともあり、1室退去が出ただけで赤字になってしまったのです。

このように、事前に知識があっても、体験してみて初めてわかるデメリットは数多く存在します。また、どれだけ調べてもリスクは網羅できません。社会は常に変動し、それがどのような影響を及ぼすかはわからないからです。

僕は飲食業を営んでいますが、以前と比べて状況は大きく変わっていると言えます。最近は終電が早まったのでお客様の滞在時間が以前より短くなっています。タクシーの深夜割引もなくなり、お客様が飲み代に使えるお金も減りました。材料原価の高騰も痛手です。なんといっても、コロナ禍のような状況が訪れると予想できた人は一人もいなかったでしょう。

未来のことは誰にもわかりません。せっかくビジネスを始めても、最初は上手く行っていたのが急に逆風が吹くこともあります。一度は成功したとしても、ずっとその調子を保つのはまず不可能です。

しかし、ビジネスは初めからそういうものだと認識しておけば、逆境をプラスに変えることもできます。そのためにも、社会の変化に対して感覚を研ぎ澄ませておくことが重要です。前述した通り、遊びに行ったときに深く観察する意識を持つだけでも、見える景色はどんどん違っていきます。

理想の人生をシミュレーションする事はとても大切です。しかし、すべてがシミュレーション通りにはいかないのが人生です。想定外の事態を時には楽しみながらも、目の前のことをやり抜く強いメンタルを身につけてください。

8-2❖稼ぎ方の価値観が違いすぎる人には要注意！

お金の稼ぎ方には、その人の価値観が色濃く出ます。とにかく稼げればいいという人もいれば、稼ぎ方の美学がある人など、千差万別です。稼いだお金の使い方までを含めると、百人いたら百通りだと言えるでしょう。

自分とあまりに違う稼ぎ方の価値観の相手と一緒にビジネスするときは要注意です。特に、ビジネスパートナーと利益の上げ方の方針が真逆だと、致命的なトラブルに発展しかねません。

僕も経営者として多くの人と付き合いがありますが、稼ぎ方の価値観は重要視しているポイントです。不動産業界には自社の利益追求が第一という会社も多く存在していています。しかし、僕は家族や友人がお客様でも問題の無いフェアな取引を心がけています。長く協力し合えるビジネスパートナーは、そういう思いを共有できる相手です。

もちろん、僕を頼ってきてくれる人とはいったん仕事はします。ただ、違和感を覚えた時点で付き合い方を改めるようにしています。

不動産売買では登記などの専門的な手続きが必要ですが、昔から知っている司法書士に仕事を頼んだこともありました。しかしその中には、お客様を大切に扱わず、依頼主である僕のご機嫌ばかりを取ろうとする人もいました。残念ながら、そういう方とは、長く付き合いたいと思いません。僕が司法書士に依頼できるのも、大元はお客様から売買契約を依頼頂いているからです。お客様にとって不動産売買は、一生に一度の重大イベントです。だから僕は安心して売買を終えてもらうために、全力を尽くします。長く付き合うなら、そうしたビジョンを共有できるビジネスパートナーを選びたいと考えています。そのほうが、お互いにとっても、お客様にとっても、いい効果が見込めるからです。

昭和の時代では、仕事上の利害のために忖度をする場面も頻繁にありました。しかし、誰もが知る大手家電メーカーですら、上場廃止してしまう時代です。どれだけ損得を考えたところで、本当にその通りになるとは限りません。それなら、合わない人より、同じ方向を見て歩める人と一緒に過ごしたほうが、心身ともに健やかで実りの多い人生となるはずです。

社員にはよく「人間、自分の楽しいことをするのが一番」だと話しています。人間関係でもそれは変わりません。楽しく充実した時間を一緒に過ごせる相手かどうか、まずは相手の稼ぎ方の価値観を見極めて下さい。

8-3❖スランプを受け入れられない人は成長しない

好きなことを極めて仕事をしていても、必ず立ちはだかるものがスランプです。順調だったのに、急に今までの方法が通用しなくなる。思うようにいかなかったり、嫌な目に遭ったりする。スランプというとネガティブなイメージが強く、できるなら避けて通りたいという人もいるでしょう。しかし、スランプを受け入れなければ、その時点で成長が止まります。

大きくジャンプをするときは、思い切りしゃがみ込みます。同じように、上のステージに飛躍するための準備として起こるのがスランプです。辛いからと避けてしまうと、成長する機会自体を逃してしまうことになります。

僕もこの事実を、会社員時代に出逢ったお客様から教えてもらいました。

「前田くん、調子よさそうやな。そういうときほどスランプは来るで」

その方も同じ体育会系出身で、大手化学メーカーで課長を務めており、バリバリ仕事をされる人でした。僕が似たタイプだと感じて、アドバイスしてくれたのです。ただ正直に言うと、このとき僕はあまりその意味を理解できていませんでした。

実感できたのは、しばらく経ってからの事でした。当時、僕は不動産セールスマンとしてどんどん数字を伸ばしていましたが、ある日お客様からのクレームが会社に入ったのです。とても懇意にしていたお客様だったので、「寝耳に水」で大変ショックを受けました。

上司は、僕の仕事の勢いを落とさないよう「気にするな」と言ってくれました。しかし、僕は直感でこれを無視してはいけないと思い、クレームに真摯に向き合いました。

お客様が不満だったのは、契約が終わった途端に僕が連絡しなくなったことでした。僕の仕事は契約が済めば完了ですが、お客様にとっては新たな人生を踏み出すタイミングです。持ち家に対しての不安もまだまだ大きいでしょう。そんなときに寄り添ってアフターフォローすることこそ真の営業の姿ではないか。そう気づいて、目が覚めるような思いでした。

それ以来、僕は順風満帆な現状に慢心するのを止めて、どうやったらお客様に喜んでもらえるかを徹底的に考え、実践してきました。その結果、今では独立し、自分の会社を経営するに至っています。もしあのときクレームを無視していたら、経営者にはなっていなかったかもしれません。

どんなに好きなことでも、続けていれば必ず壁にぶつかります。しかし、それはまだまだ上に行けるという合図なのです。乗り越えてこそ、他とは違う自分独自の価値を身につけることができます。スランプが来たら悲観せず、成長できるチャンスがきたとポジティブに捉えて行動する人が伸びていくでしょう。

8-4❖古い時代の「教科書」を使っていませんか?

世間には、これまでの成功者たちが残した数々の経験則が溢れています。偉大な先駆者の鉄則もあれば、親や先輩など身近な人たちの教訓もあります。こうした「教科書」は、不透明な先行きを照らしてくれる電灯のようにも感じるでしょう。

しかし、古い時代の教科書に頼り切ってもいけません。教科書に載っている情報は、あくまでその時点での最新情報です。時代は常に変動し、最近では特に流れが加速しています。5年前の成功法則でもすぐに通用しなくなります。

不動産業をやっていると、時々、現金で家を一括購入するのが最善だと信じている方にも出会います。両親の世代がそれで上手く行っていたのを目の当たりにしているからです。しかし、現在では状況は変わり、現金購入だけでは資産を増やせない時代になりました。ファイナンス理論に基づき、借り入れを駆使して現金を温存しつつ、いかにレバレッジを利かせられるかが重要になったのです。

お金の使い方だけでなく、ビジネスの方法も時代に沿って変化します。昔は飲食業といえば、駅前に店舗を構え、ふらりと入ってきてくれるお客様の数を増やすのが常識でした。店の存在を知ってもらうには、立地の良さが不可欠だったのです。

しかし、インターネットの出現でより幅広い戦略が取れるようになりました。僕がプロデュースした大阪・西中島の「肉バルまえだ」では、以前のセオリーに囚われず、今の時代に即した施策を打ち出しています。

まず、店舗は駅から少し離れた自社ビルの2階に構えました。外からわかるような看板は出していないので、飛び込み客もまずありません。それでも、お客様はうちを目当てにやってきます。事前に、インスタグラムで調べてくれているのです。

インスタグラムを見た人が興味を持ち、来店したいと思ってもらえるように、コンセプトも差別化しています。駅から離れた場所なので、静かに落ち着いて食事できる点を活かし、接待やデートで使えるお店として発信しています。一見普通のビルの階段を上がると秘密のバルに辿り着く、といったサプライズ感も盛り込んであります。おかげさまで、多くのお客様から愛されるお店になっています。

昔の教科書にも、勉強になる点はたくさんあります。ただそのまま実行するのではなく、時流に合わせて自分の頭で考えてアレンジすることが大切です。本書も執筆時点での最新情報をお伝えしていますが、そのまま鵜呑みにせず、ご自身の状況に照らし合わせて判断し、普遍的なエッセンスを掴んでもらえたら嬉しいです。

8-5❖流行しているビジネスに潜む罠

流行っているビジネスに目が向くことはよくありがちです。「キラキラしていて楽しそう」「かっこよく儲けられそう」と思い、自分でもやってみたくなるのが人間でしょう。

ただ、流行りものに手を出すときは用心深く計画しなければなりません。既に参入者が多く、後から入っても失敗する可能性が高いからです。流行り始めのときに流れに乗れたとしても、先を見据えたプランがなければやがて溺れてしまいます。

最近では、コロナ禍のマスク販売が記憶に新しいと思います。儲かるとわかって、多くの人が参入しましたが、人気が過熱して、なかなか在庫を仕入れることができませんでした。ようやく在庫が入ってきたとき、販売業者は思い切って莫大な量の在庫を仕入れました。しかし残念なことに、その少しあとからブームは下火になっていきました。彼らは在庫を捌ききれず、重たい赤字を抱えることになったのです。

仕入れがなく、スキルだけで成り立つビジネスでも同じことです。YouTubeやTikTokなどが流行った影響で、配信者や動画編集者は爆発的に増えました。特に、コロナ禍で暇を持て余した若い世代は、こぞって参入しました。すると、チャンスをものにし、華々しく芸能デビューを飾る人たちも現れます。それを受けて自分も続こうと、ますますプレイヤーの数は増える一方でした。

しかし、始めは業界全体にあったものすごい勢いも、ピークを過ぎれば仕事の数はゆるやかに減っていきます。そうなると、生き残っていけるのは大口の受注先を確保できる人や、企画力・技術力が突出している人です。第一線に残れず、諦めて就職する人たちの姿を実際に僕も見てきました。

それでも、撤退するのは勇気ある行動です。中にはなんでもいいから目立ってやろうと、暴挙に及ぶ人たちもいます。犯罪系YouTuberが逮捕されるニュースは、その最たる例です。このように、後先考えず流行に乗ると、ブームが過ぎたあと打つ手がない状況に自分を追い込んでしまいます。普通に会社員として働いたほうが実績やスキルを身につけられていた、という結果で終わりかねません。

流行りものに心が揺れたときは、落ち着いて冷静に検討しましょう。その時点で参入しても勝機はあるのか。他とどう差別化していくのか。どのタイミングで撤退するのか。それらを明確にプランニングできなければ、いったん距離を置いたほうが賢明です。

8-6❖学生街に1万円の焼肉屋を出店していませんか？

自分の好きなものを極めていよいよビジネスに踏み出すとき、気をつけたいことがあります。それは、そのビジネスに相応しい市場を把握できているか、ということです。

例えば、焼肉屋を出店し、食材にこだわり、客単価が1万円になったとします。しかし、いい立地が見つからず、最終的には学生街に出店することにしました。問題は、焼肉に1万円払える学生さんはそう多くないことです。この店の経営は難しくなるのは目に見えています。

このように、どんなにいい商品やサービスでも、ニーズがなければ見向きもされません。だからこそ、本格的に始める前にしっかり市場分析することが重要です。

役に立つのが、マーケティングの3C分析です。この名称は、Customer（市場・顧客）、Competitor（競合）、Company（自社）の3つの頭文字に由来しています。この3つの視点から分析し、ビジネスの成否を計測するのです。

先ほどの焼肉屋の例で言えば、学生街ではCompetitor（他の焼肉店）こそないものの、Customer（学生）なら高級路線よりもリーズナブルな食べ放題のほうが好まれるだろうから、Company（焼肉）もそちらに切り替える、という選択が生まれます。もし高級路線を貫くなら、短時間の営業で一日数組限定にしてコストを抑えつつ、話題性で注目を集める、という戦略を取ることもできます。事前に3Cに立脚して想定することで、ビジネスプランの強度が増していくのです。

僕も会社経営ではこの3C分析を常に意識し、普段の観察にも応用しています。あるとき、長蛇の列ができているラーメン店の前を通りかかりました。すると、その列から離れて、近くの別のお店に入るお客さんが数人いたのです。3C分析で考えると、列ができているお店は圧倒的に強く、周囲のお店には勝ち目がないように見えます。しかし、強豪店の近くに出店すれば、零れたお客様を確実に拾うことができます。あえてそのポジションを狙うのも、立派な作戦です。

大手中華料理チェーンの日高屋でも、これに似た戦略を取っていると言います。日高屋ではマーケティングに予算を割かず、マクドナルドと吉野家が並んでいるところに率先して店舗を出すのだそうです。どちらも、非常に高度なマーケティング戦略の上で出店する企業なので、その地域にはまず間違いなく飲食店の強いニーズがあります。そこに両社とは違う中華料理で打って出れば、お客様に効果的にアピールできるのです。

いい商品を本当に必要としているお客様に届けるためには、市場を見極め、それに相応しい戦略を立てなければなりません。そのためにも、普段から3C分析を意識して物事を観察し、アイデアをどんどんストックしていきましょう。

8-7❖「好きな友達と起業したい！」が失敗する3つの理由

時間とお金から本当の意味で自由になるには、仲間やチームの存在が必要不可欠です。友達と一緒に起業しようと考える人もいるかもしれませんが、ここにも罠が潜んでいます。

実は、友達と起業して失敗したというケースは非常に多いのです。その理由はだいたい3つの理由、【①方向性が違う】【②ゴール設定が違う】【③意思決定者が1人ではない】に収束します。友達が相手だと仲がこじれるのが怖くなり、お互いの認識を細部まですり合わせることが難しいのです。また、どんなにしっかりすり合わせたと思っても、人は時が経つとよくも悪くも変化します。ずっとスタートラインのときと同じままでいられるとは限らないのです。

これは僕自身、失敗を通して痛感しました。会社員時代、友人に話を持ち掛けられてラーメン店経営を始めたときのことです。僕は事業資金の出資と出店戦略を担当しました。友人はラーメン開発と調理を担当し、もう一人が接客で入ってくれることになりました。

このとき僕らは話し合い、同じ方向を見て一緒に夢を叶えようと大いに盛り上がりました。しかし、今思えば、互いの視点やゴールは完全には一致していなかったのです。たくさん儲けよう、全国に名を轟かせよう、と語り合いましたが、具体的にどの程度までやるのか、すり合わせができていませんでした。

ありがたいことに、出店当初の経営は順調でした。しかし、想像以上のスピードで店が有名になり、こちらが場所を探さなくても大手から出店依頼が来るほどまでになりました。そうなると、僕が担当していた出店戦略の比重が軽くなり、「お金を出している人」という、ちょっと浮いたポジションになってしまったのです。

そんなとき、僕らの成功を聞きつけた共通の知り合いがやってきました。そして友人に「前田は不動産屋だから信用するな、俺と一緒にやろう」とアプローチし、友人もそちらに行きました。それをきっかけに方向性の違いが明確になり、空中分解まではいかなかったものの、だいぶ揉めることになってしまったのです。

その後紆余曲折ありましたが、友人とは真剣に肚を割って話し合い、今では和解しています。関係が修復できたのは本当に良かったのですが、一連の騒動は、僕のビジネス史の中でもトップクラスにハードな出来事でした。

どれだけ仲がいい友達でも、同じ方向を見ていると思っても、人は状況によって変わります。それでも友達と一緒に起業したいときは、お互いの価値観を真剣にすり合わせた上で、入念に事業計画を組むことが大切です。

第９章　今がいちばん若い！　本気で人生を変える覚悟をもとう

（著者メッセージ）

9－1❖人生を変える覚悟は、数々の失敗を経て本物になる

僕は多くの方の相談に乗り、自由な時間とお金を得る方法をアドバイスしてきました。実際に行動を起こして夢を叶えた人もいる一方で、何もしない人がいるのも事実です。

行動して成功するには、本気で自分の人生を変える覚悟を持つことが必要です。しかし、その覚悟は一朝一夕で持てるものではありません。時間をかけて行動する中で、徐々に醸成されていくものです。

僕が覚悟を持てたのは、お客様からの一言がきっかけでした。先述したように、動物病院の先生から「ずっと今と同じ稼ぎ方はできない」と言われたのです。

当時の僕は、首の骨を折って入院するというアクシデントから、不動産のトップセールスマンとして復帰し、事故前と同じように稼ごうと意気込んでいました。しかし、お客様にそう言われたことで、徐々に意識が切り替わっていきました。営業職にとらわれず、自分の人生について俯瞰して眺められるようになったのです。

その時、ふと社会に出る前の出来事を思い出しました。大手不動産会社の営業職に

内定が決まったと父に伝えたとき、こう言われたのです。

「営業は、会社の末端や。でもそこから会社の仕組みを知って、上に上がっていくんや」

父は、新卒で入った会社から最終的に大企業グループの副社長まで出世していたので、その言葉には重みがありました。

「営業は、上に行くための通過点に過ぎない。自分はもっと遠くを目指していける」

そう気づいて、僕は自分のビジネスという新たなステージへの一歩を踏み出していきました。

もちろん、全てが順調だったわけではありません。試行錯誤も多く、自動から他動への切り替えでは苦労しました。初めて不動産を購入した時だけでなく、株や投資でも多くの失敗を重ねました。しかし、お金と時間の使い方について、精査を繰り返し、確度が高まるにつれて、徐々に手ごたえが出てきたのです。そのおかげで、今の僕はかつての理想を実現し、さらに大きな夢に向かって歩み続けています。

人生を変える覚悟は、数々の失敗を経て本物へと磨き抜かれていきます。だからこそ、物事を始めるタイミングは早ければ早いに越したことはありません。自分の覚悟が定まると、自由な時間とお金を両立したライフスタイルが近づくと感じています。

9-2❖「本当に大企業がベストなのか？」もう一度考えてみよう

本書を読んでいる方の中には、これから就職活動や転職を考えている人もいると思います。そして、「やっぱり大企業に就職したい」と思う人もいるかもしれません。

確かに、大企業はネームバリューがあり、社員の福利厚生も行き届いています。マネジメントもしっかりしているので、自分に合った業務でしっかり稼げる人もいます。

ただ、一つ落とし穴があります。自分がどう生きたいのかをきちんと把握していないと、いつの間にか会社を優先するようになってしまいます。

すべての企業は、組織として掲げた目的を達成するために存在します。大企業であるほどそのための仕組みは強固で、いつの間にか会社のために時間・お金・エネルギーを注ぐのが、当たり前になるのです。気がつくと、自分の人生は二の次になっていたりします。

恐ろしいことに、仕事が順調で楽しくなると、自分の人生と会社の目的が一致していると感じるようになり、疑わなくなります。もちろん、本当に合致しているのなら、何も問題ありません。しかしズレがあるのに見落としている場合、必ずそのひずみに足を取られる日が来ます。40代以降の中年社員が出世ゲームから外れたとき、会社にしがみつき落ちぶれていく、というのはよく聞く話です。

一方で、自分の人生の目的が明確な場合、大手企業は素晴らしい経験の場になり得ます。特に、管理職は残業代もつかず外れポストだと嫌われがちですが、能力を身につけるには絶好の機会です。多くの部下をまとめてプロジェクトを遂行するのは大変ですが、成功すれば実績にも繋がり、それは独立してから大いに助けになります。

僕も勤めていた大手不動産会社を辞める前、まさに管理職をしていました。営業職が好きだったのでしぶしぶの就任でしたが、後になって経験して良かったと思っています。

最も良かった点は、部下との関係構築を学べたことです。営業が得意で20代から独立した同級生が何人かいますが、彼らは雇っても社員が定着しないと悩んでいます。管理職を経験して人をまとめるスキルを学べなかったため、独立してから苦労しているのです。僕の会社は現在15名の社員が在籍していますが、ありがたい事にみんな付いてきてくれています。これも管理職での経験を活かし、社員が学べる環境づくりをしてきたおかげです。

大切なのは、会社の規模ではありません。自分の人生とその企業の目的が一致できるかどうかです。就職する際には、それを念頭に置いた上で企業を選んでみてください。そして、自分で会社をつくる際には、社員の人生の目的をかなえる会社を目指して欲しいと思います。

9-3❖ゼネラリストではなくスペシャリストを目指そう

仕事ではマルチタスクをこなせるゼネラリストが評価される傾向があると感じています。しかし、僕は、最後に一番強いのはスペシャリストだと確信しています。

好きなことを極めて専門性が高まると、最終的にそれがオンリーワンの強みになり、商品になっていきます。それに、自分の強みを磨いていくと予想外の方向に広がり、大きな成果が出ることもあります。

僕が大阪で経営している「肉ビストロまえだ」の店長は、自分の専門性を高めた一人です。元々彼は、別の店で勤めていたパティシエでした。その店が潰れてしまい、うちのお店で働くようになり、その後店長をお願いする事になりました。

「肉ビストロまえだ」のコンセプトは「デートや接待で来たい店」です。個室で落ち着いてコースを味わってもらえるよう様々な面でこだわっています。その中で店長は、訪れたお客様にもっと楽しんでもらえるよう、元パティシエの腕を活かした工夫を盛り込みました。誕生日にはケーキを、クリスマスにはブッシュドノエルをつけるようにしたところ、これが大人気となり、どんどん予約が入るようになったのです。

「イベントのない時でも、お客様のためにできることはないか？」そう考えた店長は、接待で利用されたお客様が手土産を持って帰れるように、カヌレを考案しました。お客様だけでなく、帰りを待っている家族にも喜んでもらいたい。そこで、帰りを待っていてくれた感謝の気持ちをお菓子で伝えられないか、と閃いたのです。この商品に「想われカヌレ」と名付けてリリースしたところ大ヒット。直接ご来店のない方にも「あの美味しいカヌレを出すビストロ」として広く知られるようになりました。

「想われカヌレ」の大好評を受け、独立したブランドとして打ち出すことにしました。さらに、マレーシアにジャパニーズカヌレの店舗として出店するプランも進行しています。

今の時代、ただ良いものを作っただけでは売れません。そこにどのような意味が紐づいているかが重要になります。「想われカヌレ」がヒットしたのは、美味しさはもちろんのこと、「家で待っている方にも満足して頂きたい」という店長の想いがあったからです。

こういうアイデアは、なかなか狙って出せるものではありません。「自分の好きなこと・得意なことでどうやって人に喜んでもらえるか?」を常に考え続け、コツコツ試してきた結果なのです。

自由な時間とお金を手に入れ、理想のライフスタイルを実現する。そのとき一番の拠り所となるのは、自分が熱量を注いで培ってきたスキルです。ぜひ自分だけの武器を極めたスペシャリストを目指してください。

9-4❖人生は常に状況が変わるサッカーの試合と同じ

なんとなく毎日を過ごし、目の前の仕事に追われていると、生活があまり代わり映えのないように感じます。一方で、人生に目的を持って日々主体的に行動すると、状況が目まぐるしく変化します。

この違いは、サッカーの試合に例えるとわかりやすいでしょう。一試合90分は観客にとっては十分長い時間です。しかし、いざピッチに立ってプレーする選手たちにとっては、あっという間に過ぎていきます。試合に出る選手は、両チーム合わせて22人なので、単純計算でボールに触れる時間は、一人あたり4分ほどです。

元日本代表のサッカー選手で〝デカモリシ〟の愛称でもおなじみの森島康仁さんも、試合でボールに触る時間はとても短いと言っていました。僕は彼と同期で仲がいいのですが、話を聞いて驚きました。彼がJリーグでハットトリックを決めたとき、実際ボールに触っていた時間はなんとたったの44秒だったそうです。森島さんのようなフォワードは、ボールを持っていると真っ先に相手プレイヤーから妨害を受けます。だから常に状況を読み、相手チームの包囲網をくぐり抜けて前線に上がり、味方からパスをもらってゴールを狙うのです。

わずか44秒で得点できるかどうかは、残りの89分16秒をいかに上手く活用できるかにかかっています。観客にはあっさり決まったように見えるゴールも、選手たちにとっては刻一刻と変化するゲームに対処し続け、やっと掴んだ一瞬なのです。

ボールの回ってきた瞬間は、人生に当てはめるなら成功のチャンスと言えるでしょう。そのチャンスを掴み、ものにするためには、事前に入念な準備が必要です。

とはいえ、こうした感覚は、観客側にいるとなかなか実感が湧かなかったりします。だからこそ、人生でも早くプレイヤー側に回ることが大切です。

人生でやってみないとわからないことは、星の数ほどあります。実際に一歩踏み出してみると、計画が全然上手くいかなかったり、あるいは予想外の方向へ伸びていったりと、様々な結果が返ってくるでしょう。それらはすべて、理想のライフスタイルを実現するための大切な材料です。つまずくことが多くても、慌てる必要はありません。単に、まだボールが回ってきていないだけなのです。むしろボールが来る前に悪い点を潰せたと前向きに捉えて下さい。

サッカーでは、それぞれのスペシャリストが自分の4分間に全力を注ぎ、ゴールを重ねますが、人生も同じです。自分の順番がやってきた時にベストを尽くせるように、日頃から仲間とともに変化し続ける状況に対応していきましょう。

9-5❖今日の過ごし方が10年後の未来を決める

「今の自分は過去の行動の結果である」、これは僕自身の経験からも強く実感しています。

僕は10年前の交通事故を皮切りに新しいステージに進み、現在では自分の会社を経営しています。もし10年前にセールスマンで居続ける選択を取っていたら、今日の僕は間違いなく存在しないでしょう。

理想の未来を実現するには、今日をどう過ごすかが重要になります。ポイントは、すぐできそうなことでなく、負荷がかかる道を選ぶことです。例えば温泉旅行をしたいと思ったとき、近場の日帰り温泉は簡単に行けます。しかし、四国の温泉地を巡り、数日かけて名所をバイクで回るとなると、アプローチがまったく変わってきます。もちろん困難も多いですが、得られるものはそれ以上です。達成するために必要な情報を収集する能力やスケジューリングスキルが磨かれます。さらに、現地の人との交流はかけがえのない体験になるかもしれません。

僕も10年後の未来をつくるために、あえて難しい道を選ぶようにしています。最近では、会社の飲食部門を海外進出させるため、これまでに8カ国を訪れました。

実は、当初ここまでするつもりはなかったのですが、きっかけは2023年初頭に行った韓国への下見でした。当時はコロナ禍がやっと終わるかという頃で、出入国の手続きでまだ混乱が残っていました。僕はビザを取得しておらず飛行機に乗れなかったり、帰国後にPCR検査で足止めを食らったりと、散々な目に遭いました。

「こうなったら、絶対海外進出を成功させる！」と、かえって心に火がついて、気づけば1年で11回も海外出張していました。そうなると、従来の対応では仕事が回らないので、色々な方法を試しました。締めで忙しい月末も海外からオンラインで対応するなどの工夫を続けた結果、海外進出が前進しただけでなく、通常業務も以前より改善されたのです。

僕は社員にも、10年後を創るアクションを取ってほしいと思っています。先日は、2カ月間南米に行きたいという社員の申し出に進んで許可を出しました。ただ、一度やると決めた以上、2カ月不在でも業務が回るようにしなければなりません。そこで、彼は真剣にアイデアを出してくれ、それを実行に移しました。すると巡り巡って会社全体の業務効率アップに繋がり、本人だけでなく、みんなにプラスの結果をもたらしてくれたのです。

今日の行動が10年後の未来を創ります。そういう気持ちで取り組んだチャレンジは、自分だけでなく周囲にもいい影響を及ぼし、次第に好循環を生み出します。それは往々にして、思い描いた理想よりも素晴らしい未来をもたらしてくれます。そのつもりで毎日ひとつ、ぜひ何か新しいことに挑戦してみてください。

9-6❖今の20代が一番ラッキーだと言える理由

僕は今の20代は最高にラッキーだと思っています。歴史上、これだけ情報に溢れ、しかも無償で手に入れられる時代は他にありません。

この事実をしみじみ感じたのは、海外進出のためにマレーシアを訪れたときのことでした。現地を案内してくれたマレーシア人の女性が、とても滑らかに日本語を話していたのです。思わずどうしてそこまで上手いのかと尋ねたところ、なんとも意外な答えが返ってきました。

彼女は日本のアニメが好きで、有名作品をとても熱心に見ていました。アニメの日本語の字幕を見ているうちに自然と覚えたそうです。ネット配信のアニメを見るだけで、仕事で使えるレベルまで言語を習得できるとは、驚きの出来事でした。

語学の勉強といえば、一昔前なら専門学校で学んだり留学したりするくらいしか選択肢がありませんでした。今はもっと身近で手軽になっています。僕の日本人の友達も、韓国語を勉強したいからと出会い系アプリでグループを作って、楽しく勉強しています。

アイデア次第で、やりたいことをすぐ叶えられるのが現代です。先日、会社員時代にお世話になっていた60代の男性と話していて、改めてそう思いました。その方が語るには、昔は丁稚奉公や徒弟制の慣習が強く、何をするにも長い間ただ働きして下積みする必要があっとそうです。それでも成功できる保証はなく、他の道を探そうにも多くの情報が得られない時代だったのです。行動しても実るかどうかわかるのはずっと先という、タイムラグのリスクを背負わなければなりませんでした。

しかし、今では古い常識はもうすっかり崩れました。今の時代、何が正解なのかは誰にもわかりません。上の世代も自分たちの経験則が当てはまらず、自信が持てないと感じています。

これは今の若い世代には大きなチャンスです。無数に溢れる情報をアイデアで料理することで、新しい正解を創り出し、次の時代の流れをつくる方に回ることができます。昔ならこのようなチャンスが巡ってくるのは限られた人だけでしたが、誰にでも起こりうるのが今の時代なのです。

もちろん、失敗することもありますが、昔より良い点はすぐ結果がわかること。失敗したと分かったら、すぐに軌道修正すればよいだけです。むしろ、成功のルートが絞れるので、どんどん成功へ近づいていけます。

このメリットを存分に活用できるのは、しがらみのない若い世代の特権です。何が大ヒットするかは読めない時代です。閃いたアイデアは何でも試していきましょう。

9-7❖人生で大切なことはテニスコートで学んだ

僕がテニスを始めたのは、大学に入ってからでした。夢中になって、大会で優勝するほど練習にのめり込みました。テニスから学んだことは多くありますが、中でも人生に役立つ教訓があります。それは、とことん自分自身と向き合うことの大切さです。

テニスコートに立ったとき、プレイヤーは自分一人だけです。頼れる人は誰もいません。自分自身の力だけで、相手に打ち勝たなければならないのです。

コート上では、残酷なほどはっきりと自分の実力が晒されます。自分の弱さや苦手なところを隠すこともできません。ついミスをして動揺し、相手に大量リードされて、もう嫌だと思っても、途中でコートを出ることはできないのです。

だから僕は、コートの中で何よりもまず自分と向き合いました。今調子がいい部分はどこか。逆に、思うように動かない箇所はどこか。旗色の悪い試合でも悲観的にならず、あくまで冷静に区別して分析を重ねました。テニスは、いかに自分のミスを減らし、相手のミスを誘うかが勝敗を分けます。そのためにどう動けばいいかは、自分のコンディションを見極めなければ判断できません。

僕はこれを、「自分の中の借り物競争」と呼んでいます。一瞬一瞬の最善解を見つけて自分の引き出しから借りてくるイメージです。

テニスコートの中だけでなく、人生でも同じことが言えます。理想を叶えようとすれば、毎日が本番です。実力不足を思い知る場面も多々あるでしょう。しかし、それは今の時点での結果に過ぎません。別の引き出しを試したり、引き出し自体を増やしたり、状況を変えて再挑戦したりと、諦めなければ打つ手は無限にあります。

僕でもテニスに負けてダメな自分を思い知らされることもありました。しかし、それも含めて自分だと受け止めたとき、前に進むために行動して、大会で優勝するまで上達できたのです。この感覚は、社会に出たとき、そして自分のビジネスを始めたときにも、大いに役に立っています。長所も短所も含め、丸ごと自分自身と向き合う。そのうえで、今自分にできる最善の行動を選択すると、理想の実現が加速していきます。

そして、自分を俯瞰できるようになったら、次は他人にも適用してみてください。相手の状況を的確に掴めるようになると、自分の打てる最善手も自然と浮かんできます。

相手を知り、自分を知れば、怖いものは何もありません。「借り物競争」を楽しむような気持ちで、自分の望む未来を手に入れてください。

あとがき

この度は本書を最後までお読みいただき、本当にありがとうございます。本書では、自分の恥ずかしい・悔しい・忘れたい！などの普通に受け止めると辛いと言われる過去の経験を捉え方次第で『自分の武器にできるよ!!』という思いを込めて、【黒歴史を白歴史にする】と題した世界観で本書に取り組ませていただきました。

本書を活用して、理想の人生を実現する人が出てきたら本当に嬉しいです。

僕自身もまだまだなのですが、20代の方や自分でビジネスをしたい！成功させたい！という方に相談をされる事が少なくありません。本書には、その時にアドバイスした内容や実際に結果の出た考え方や行動を厳選して載せてあります。それほど難しいことをやる必要がないと感じたかもしれません。実は、理想の人生を実現するには、当たり前のことをバカみたいに楽しく笑顔でやり続けることが大切だと考えています。

読者のみなさんに、ひとつ伝えたいメッセージがあります。それは、「目の前にすべてある」です。今は、オンラインで情報発信・情報取得などが簡単に出来ます。本当に今の時代の若い人は、僕も含めて恵まれています。ですが、実は本当に大事な情報や知るべきこと、やるべきこと、感謝すべきことはオフラインの中にすべてあるということです。

僕もまだまだ発展途上なので、これからも挑戦していきます。飲食事業では、海外進出を加速させつつ、不動産事業ではより地域との共生を熟考し、自分の住んでいる町から地域活性化をして社会貢献をできればと考えております。また、本書の出版をきっかけに大学や社会人の方向けに講演をさせて頂く機会を増やす予定です。それと同時に、これからも私が生まれた吹田・北摂から日本を元気にしていきますので、皆さんもまずは自分が変わり自分の周りを良い力で及ぼしていきましょう!!!

最後に、本書の制作に関わって頂いたみなさま、会社のスタッフのみなさま、最愛の家族、私の人生に関わってくれた全てのみなさまに感謝の気持ちを伝えたいです。本当にありがとうございました。

2024年5月吉日

前田誠治

著者略歴

❖

前田誠治（まえだ・せいじ）

MD NEXT 株式会社 代表取締役。創業した不動産会社や有名ラーメン店「人類みな麺類」の創業、プロスポーツ選手のスポンサー、スポーツを通した社会貢献、個人でも不動産を5棟所有している。

1987年、大阪府吹田市で、大企業の副社長の父、専業主婦の母との間に生まれる。小学生のときは裕福な家で贅沢に暮らしていたが、両親の離婚を機に、父と愛人と3人で住むなど、母は生活保護を受けるようになる。やがて不登校になり、母がパニック障害になる。

勉強は苦手だったが、テニスのスポーツ推薦で大学に入学。父が60歳で大企業の副社長を退任することになり、収入が激減した。母も働いていた会社が倒産し、収入がなくなった。その頃は、母が離婚前から飼っていたペットの飼育費と妹の学費を支えながら、毎月経済的にギリギリの生活が続く。

大学卒業後は大手不動産会社（東急リバブル）へ入社し、新入社員でトップ営業マンとなる。2年目以降もトップレベルの営業成績を残し、25歳のときに年収1千万円を超える。27歳で事実上の管理職になり、大手不動産仲介業界では最短で部下を持つことになる。

25歳の1年間で、貯めたお金で1棟マンションを購入し、大学時代の友人と後に大人気になるラーメン屋「人類みな麺類」を創業し、SJIコーポレーションを設立した。創業した不動産会社も軌道に乗り、プロスポーツ選手のスポンサー、スポーツを通した社会貢献など、精力的に活動している。現在では、好きなことを仕事にしながら、お金と時間に縛られない自由なライフスタイルを送っている。自社の若手社員にも、好きなことを仕事にして自由な生活をする方法を教えている。

2022年、テニスの新体連で大阪優勝し、全国大会に出場する。フットサル大会を主催したり、ゴルフは茨木国際会員でもある。

スローガンは「次世代に誇れる仕事を！　吹田から日本を元気に！」

いまからあなたの黒歴史《くろれきし》を白歴史《しろれきし》にする行動術《こうどうじゅつ》

さあ、人生《じんせい》をひっくり返《かえ》そう。

本体価格……一八〇〇円
発行日……二〇二四年　六月一四日　初版第一刷発行

著　者……前田《まえだ》誠治《せいじ》

編集人……杉原　修
発行人……柴田理加子
発行所……株式会社 五月書房新社
東京都中央区新富二―一一―二
郵便番号　一〇四―〇〇四一
電　話　〇三（六四五三）四四〇五
ＦＡＸ　〇三（六四五三）四四〇六
ＵＲＬ　www.gssinc.jp
印刷／製本……モリモト印刷 株式会社

ISBN: 978-4-909542-61-8 C0036

世界情勢を読み解く国際関係論

主体・歴史・理論

小副川 琢（おそえがわ・たく）著

２０２０年代に入ってますます混迷の度を深める世界情勢は、どうすれば客観的に把握し正しく読み解くことができるのか？本書は、政府以外の具体的な主体（アクター）の働きにも配慮して、世界情勢の分析に必要不可欠な理論と基礎概念を提示し、理論を用いた事例分析としてロシア・ウクライナ戦争を取り上げる。最新にして最もコンパクトな国際関係論の入門書。巻末には用語解説を、各章ごとに参考文献および学習案内を付す。

１６００円＋税　A５判並製

ISBN978-4-909542-58-8 C3031

アマゾンに鉄道を作る　大成建設秘録

電気がないから幸せだった。

風樹 茂著

１９８０年代、世界最貧国ボリビアの鉄道再敷設プロジェクトに派遣された数名の日本人エンジニアと一名の通訳。２００％のインフレ、週に一度の脱線事故、日本人上司と現地人労働者との軋轢のなか、アマゾンに鉄道を走らせようと苦闘する男たちの記録。

２０００円＋税　四六判並製

ISBN978-4-909542-46-5 C0033

女たちのラテンアメリカ　上・下

伊藤滋子著

男たちを支え／男たちに代わって、共に／男たちと社会を守り社会と闘った中南米のムヘーレス（女たち）43人が織りなす歴史絵巻。ラテンアメリカは女たちの〈情熱大陸〉だ！

【上巻】（21人）

◉コンキスタドール（征服者）の通訳をつとめた先住民の娘
◉荒くれ者として名を馳せた男装の尼僧兵士
◉夫に代わって革命軍を指揮した妻
◉許されぬ恋の逃避行の末に処刑された乙女……

2300円＋税　A5判上製

ISBN978-4-909542-36-6
C0023

【下巻】（22人）

◉文盲ゆえ労働法を丸暗記して大臣と対峙した先住民活動家
◉32回もの手術から立ち直り自画像を描いた女流画家
◉貧困家庭の出から大統領夫人になったカリスマレディ
◉チェ・ゲバラと行動を共にし暗殺された革命の闘士……

2500円＋税　A5判上製

ISBN978-4-909542-39-7
C0023